# LES BASES DU TRICOT

FACILE

# LES BASES DU TRICOT FACILE

Euro Services Internet
100, rue Petit 75019 Paris
*Auteur : Anastasiia Brozinska - Stylistes : Julia Mironenko, Tat'yana Gadgieva,
Svetlana Karpechina et Tat'yana Tyurina - Photographe : Oleg Ivanov
Traduction : Macha Publishing, Isabelle Chelkoff et Raphaelle O'Brien
Imprimé en République tchèque par FINIDR
Dépôt légal : février 2014 - Achevé d'imprimer : janvier 2014.*

# Sommaire

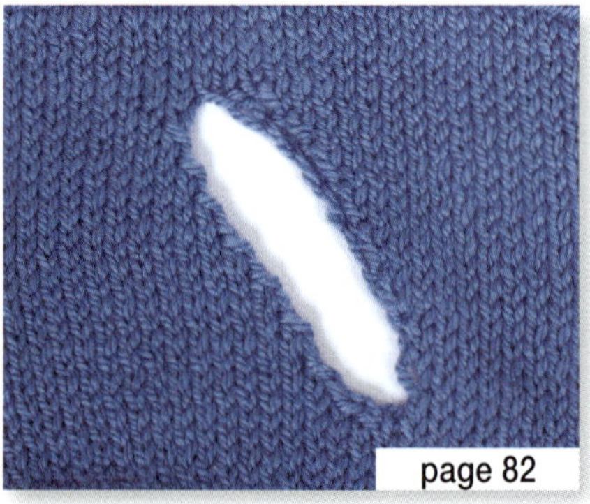



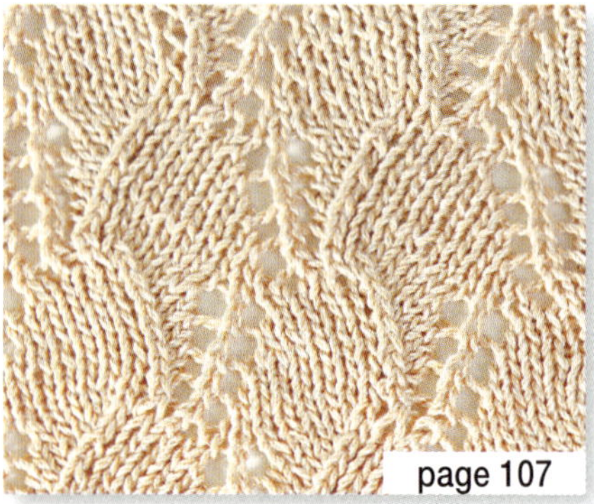

## Les modèles

page 160

page 168

page 184

page 190

# LES BASES DU TRICOT

# Le matériel

## COMMENT CHOISIR LES AIGUILLES À TRICOTER

Les aiguilles doivent être bien lisses et polies pour que les mailles glissent dessus sans accrocher le fil car même les petites irrégularités de la surface peuvent casser les brins de fil. Dans ce cas, il sera difficile de réussir un ouvrage régulier et beau. Ainsi, il faut trouver des aiguilles légères et bien lisses pour votre travail. Sur les étiquettes des pelotes, un diamètre d'aiguille est suggéré. Vous pouvez toujours vérifier le diamètre des aiguilles, en tricotant votre propre échantillon. Si les mailles sont trop serrées, prenez des aiguilles plus grosses, si au contraire elles sont trop lâches, choisissez des aiguilles plus fines. Il faut donc choisir un numéro d'aiguille en fonction du fil utilisé. En règle générale, le diamètre des aiguilles doit correspondre au diamètre du fil plus un numéro. Pour déterminer le numéro d'aiguille que vous allez utiliser pour votre ouvrage, il faut plier le fil en deux et le tordre légèrement. La grosseur du fil ainsi tordu doit être égale au diamètre de l'aiguille. L'aiguille doit être de 1,5 à 2 fois plus grosse que le fil utilisé pour la réalisation de votre ouvrage. Pour choisir les aiguilles, il faut également faire attention à la forme de leur pointe qui ne doit pas être ni trop pointue ni trop arrondie. Sinon, il y a un risque de fendre le fil ou d'étirer les mailles.

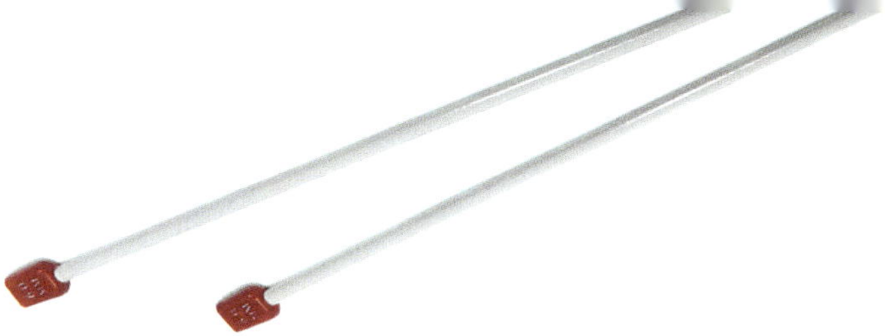



## DIFFÉRENTS TYPES D'AIGUILLES À TRICOTER

- Les aiguilles droites : il en existe plusieurs longueurs mais, le plus souvent, elles mesurent entre 30 et 36 cm de long. Une des extrémités de l'aiguille est pointue et l'autre extrémité est munie d'une boule afin que les mailles ne s'échappent pas pendant le travail. Le diamètre des aiguilles droites peut changer d'un bout à l'autre (le diamètre de la pointe correspond au numéro de l'aiguille mais il diminue progressivement pour faciliter le travail).

- Les aiguilles munies d'un cordon flexible servent à tricoter les pièces qui sont grandes et lourdes. Au bout du cordon flexible se trouve un élément qui bloque les mailles.

- Les aiguilles circulaires : deux aiguilles droites reliées par un cordon flexible. Les aiguilles circulaires permettent de travailler en rond, sans couture. Elles sont très pratiques et permettent de mieux repartir le poids d'un ouvrage tricoté. Les aiguilles circulaires peuvent avoir une longueur différente.

- Les aiguilles à deux pointes : elles servent à tricoter les chaussettes, les bonnets ou les moufles. Traditionnellement, elles s'utilisent par jeux de 5 aiguilles. Dans ce cas, on répartit le travail sur 4 aiguilles et on tricote avec la cinquième.

Aujourd'hui, on peut trouver aussi des jeux de 4 aiguilles circulaires : on répartit le travail sur 3 aiguilles et on tricote avec la quatrième.

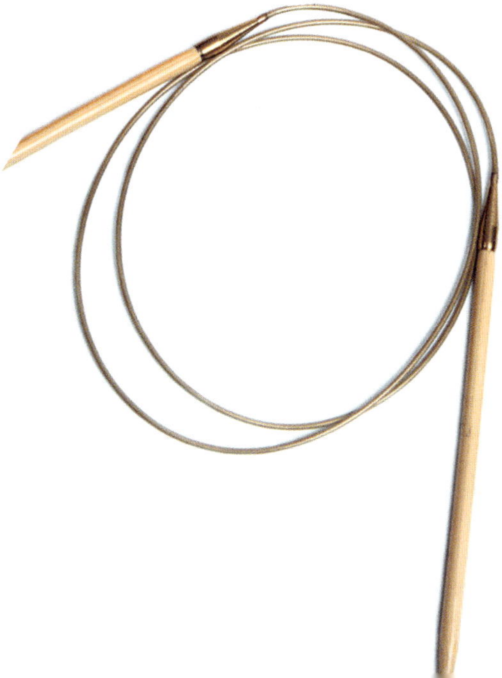

# COMMENT CHOISIR LE FIL

Pour choisir votre fil, il faudra tenir compte de sa torsion, de sa flexibilité, de sa régularité et de sa résistance. Un fil à forte torsion ne convient pas au tricot. Il est plus adapté au crochet. Si vous l'achetez pour un ouvrage au tricot, votre ouvrage peut devenir trop rigide et déformé. Même si vous repassez votre ouvrage avec un linge humide, il restera déformé après le séchage. D'habitude, le numéro du fil est indiqué sur l'étiquette de la pelote par un nombre en fraction, par exemple 32/2 ou 10/2. Qu'est-ce que ce nombre signifie ? Les chiffres avant la barre de fraction nous informent sur la grosseur du fil. Plus le nombre est grand, plus le fil est fin. Le chiffre après la barre de fraction indique le nombre de brins qui composent le fil. Ne jetez pas l'étiquette avant de terminer votre ouvrage. S'il vous manque du fil et que vous devez en racheter, vous trouverez sur l'étiquette de la pelote le numéro de teinture qui correspond au bain de teinture de votre fil. Sans connaître ce numéro, il est presque impossible de trouver le fil de couleur identique, car chaque couleur peut avoir plusieurs teintes différentes. Plus le fil est léger et moins il est tordu, moins vous en avez besoin. Il vaut donc mieux acheter un peu plus de fil qu'il ne vous en faut, que de découvrir que vous n'en avez pas assez pour terminer le travail.

## DENSITÉ DE MAILLES

Avant de commencer à tricoter votre échantillon, choisissez définitivement le point à utiliser, les aiguilles et le fil. Supposons que vous avez trouvé un modèle qui vous plaise. Vous avez essayé de le tricoter en respectant toutes les recommandations mais le résultat ne vous satisfait pas ? Votre ouvrage est trop petit ou trop grand. Pourquoi ?

Parce que chaque personne tricote différemment, de façon plus ou moins serrée. Ainsi, la densité de mailles est aussi différente. C'est pour cette raison qu'il faut vérifier et calculer la densité de mailles avant de commencer à tricoter votre modèle.

Mais comment ? Montez sur les aiguilles au moins 30 mailles (plus il y a de mailles, plus le calcul sera précis) et tricotez en point indiqué avec les aiguilles choisies au moins 30 rangs. Cet échantillon vous servira pour calculer votre densité de mailles. En plus, en tricotant un échantillon avant de commencer le travail, vous pourrez vous familiariser avec le point et comprendre si vous avez bien choisi les aiguilles.

Maintenant, il faut compter les rangs et les mailles dans un carré de 10 x 10 cm. Vous pouvez le faire à l'aide d'une règle. Mais nous vous proposons de faire un gabarit qui est très pratique et qui peut vous servir pendant longtemps. Coupez un morceau de carton de n'importe quelle forme, par exemple, un carré de 20 x 20 cm ou un rond de 20 cm de diamètre. Puis coupez un carré de 10 x 10 cm au milieu de celui-ci. Posez votre gabarit sur l'échantillon et comptez le nombre de mailles et de rangs à l'intérieur. Ces nombres représentent la densité de mailles et de rangs.

**LA LAINE**

Ce fil est disponible dans de nombreuses couleurs et peut avoir des grosseurs différentes. La laine 100 % mérinos est considérée comme la plus souple. La laine convient bien pour tricoter les gilets ou les pulls. En règle générale, la laine (fournie par les moutons) peut être lavée dans l'eau à basse température. Exceptée la laine de mouton, la laine peut être composée de fibres d'autres animaux, comme, par exemple, l'angora (provenant du poil de lapin ou de yack) ou l'alpaga (provenant du poil de lama) qui se mélangent avec la laine de mouton.

**LE MOHAIR**

Le mohair est une laine fabriquée à partir de la toison de la chèvre angora élevée en Turquie, en Afrique du Sud et aux États-Unis. Le mohair se distingue par ses fibres très longues. En règle générale, le mohair se mélange avec d'autres types de fil, sinon les fils se décomposent en fibres. Le pourcentage maximal de mohair est de 83 %. Si vous trouvez un pourcentage plus grand, sachez que c'est une contrefaçon.

### LE CACHEMIRE

Ce nom provient de la région Cachemire où ce type de fil a été fabriqué pour la première fois. Le cachemire est fabriqué à partir de la toison des chèvres du Tibet. Pour cette laine, on utilise le duvet des chèvres enlevé à la brosse au moment de la mue de printemps. Aujourd'hui, le cachemire est considéré comme l'un des fils les plus précieux et les plus chers.

### LA SOIE

La soie est une fibre textile d'origine animale produite par les vers à soie pour se fabriquer un cocon. La soie naturelle n'offre guère d'élasticité et se distingue par sa résistance au froissement. Elle est agréable au toucher, elle a une grande capacité d'absorption de l'humidité et s'imprègne très aisément de teinture. C'est le fil le plus cher à fabriquer.

### LA VISCOSE

La viscose est un fil fabriqué à partir de la cellulose fournie par le bois de pin et de sapin. On l'appelle également la soie artificielle. La viscose utilisée pour le tricot est souple et soyeuse au toucher. Elle est sans doute plus accessible que la soie naturelle mais offre des qualités remarquables.

### LE COTON

Le fil de coton convient parfaitement pour tricoter un pull léger ou un gilet ajouré. Il est très agréable à porter et donne une sensation de fraîcheur. Le coton est fabriqué à partir de la fibre végétale qui entoure les graines des cotonniers. Le fil de coton est assez lourd et peut perdre sa forme quand on ne respecte pas les conseils de lavage. Pour sécher les vêtements tricotés en coton, il faut les étaler sur une surface plane. Il ne faut jamais les sécher sur un cintre.

### LE LIN

Le fil de lin est fabriqué avec des fibres végétales contenues dans les tiges de lin. Ce fil est très lourd et rigide, il n'a pas de résistance au froissement. Il est utilisé surtout pour tricoter les vêtements légers d'été.

### L'ACRYLIQUE

Le fil acrylique ou le polyacrylonitrile est une fibre 100 % synthétique, il est désigné sur les étiquettes sous les noms « PAN » ou « Acrylique ». Il est obtenu par synthèse de composés chimiques à partir du gaz naturel. Il est caractérisé par la résistance et la thermoplasticité, il ne se décolore pas et il est facilement lavable.

## LE FIL MÉLANGÉ

Le plus souvent, le fil mélangé est composé de la laine et des fibres synthétiques. Ainsi, il permet de combiner les qualités du fil naturel avec les atouts des fibres synthétiques. Il est insensible aux changements de température et « respire » comme la laine. En même temps, il est plus léger, plus aéré et surtout facile à entretenir. Dans cette catégorie, on peut mentionner aussi le fil qui sert à fabriquer les vêtements sportifs et les chaussettes. Il est composé à 75 % de laine et à 25 % de fibres synthétiques, comme par exemple l'acrylique ou le polyamide.

## LE FIL LAINEUX

Le fil d'aspect laineux peut être composé de fibres naturelles (angora, mohair) ou de fibres synthétiques. Un vêtement tricoté avec du fil laineux ressemble à une fourrure légère et duveteuse ce qui le rend très féminin. On peut utiliser le fil laineux pour tricoter un ouvrage entier ou de le combiner avec du fil lisse ou brillant.

## LE FIL MULTICOLORE (FIL AUX EFFETS SPÉCIAUX)

La gamme des fils multicolores naturels ou synthétiques inclut le fil de tweed traditionnel avec les discrets effets de couleur ainsi que le fil décoratif avec différents effets de texture. Le fil de texture irrégulière peut être composé de soie, de fibres synthétiques, de fils aux effets métallisés, de petits anneaux, etc. On utilise ce type de fil pour tricoter des modèles assez simples qui permettent de mettre en valeur la texture et les motifs décoratifs. Les tricoteuses débutantes sont souvent attirées par les fils multicolores. Repérer les mailles dans certaines matières à la texture très riche se révèle parfois difficile ; en revanche, le fil fantaisie peut cacher certaines imperfections du travail.

## LE FIL RUBAN

Ce fil convient bien pour tricoter des modèles légers qu'on peut porter en été. Il est disponible dans une large gamme de couleurs et de matières. Il peut être large ou étroit, composé de coton, de polyamide ou de viscose. Il peut être brillant ou transparent, de couleur unie ou d'aspect de velours. Essayez de tricoter avec le fil ruban et votre modèle ne pourra pas passer inaperçu !

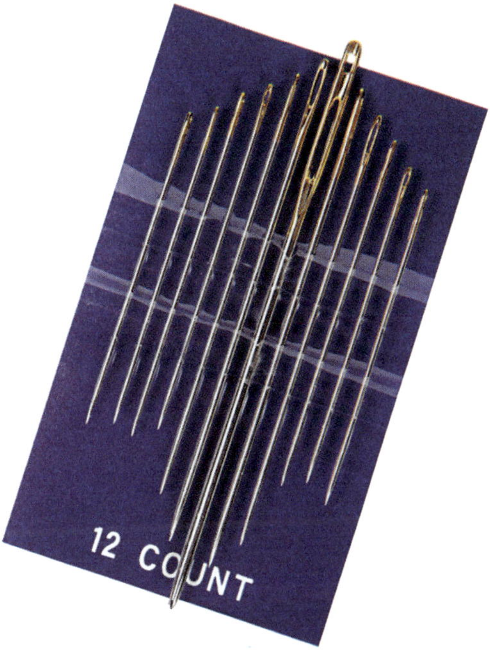

# LES ACCESSOIRES

- L'aiguille à laine : elle est très pratique pour assembler les pièces tricotées. Elle a une pointe arrondie et le chas suffisamment grand pour qu'on puisse y passer le fil de laine.
- Les aiguilles auxiliaires : elles ne servent pas à tricoter mais sont très utiles pour y glisser les mailles, par exemple pour tricoter les torsades. Les aiguilles auxiliaires doivent être un peu moins larges que les aiguilles de travail.
- L'arrêt-de-mailles : il ressemble à de grandes épingles à nourrice. Il sert à mettre les mailles en attente pour les tricoter ultérieurement (par exemple, quand vous tricotez l'épaule gauche, vous pouvez glisser les mailles de l'épaule droite sur l'arrêt-de-mailles). Il peut également être utile en tant qu'aiguille auxiliaire.
- Les ronds à pompons : ils servent, comme leur nom l'indique, à réaliser les pompons. Ils peuvent être de dimensions différentes. Normalement, ils ont une forme ronde.
- La jauge d'aiguilles : c'est une réglette percée de trous de différentes tailles conçus pour mesurer le diamètre de vos aiguilles à tricoter.

# LES POINTS

## LE POINT JERSEY

Montez un nombre pair de mailles.

- 1er rang : tricotez toutes les mailles à l'endroit.
- 2e rang : tricotez toutes les mailles à l'envers. Comme pour les mailles à l'endroit, piquez l'aiguille dans la tête de maille.

## LE POINT MOUSSE

Ce point donne un tricot réversible et très souple. Tous les rangs (les rangs endroits et les rangs envers) se tricotent à l'endroit.

## LES POINTS DU TRICOT SE DIVISENT EN PLUSIEURS CATÉGORIES

### LES CÔTES

Le point de côtes est le principal point utilisé pour tricoter la bordure du bas, l'encolure et les poignets. Ce point peut être utilisé également pour tricoter le motif principal de votre modèle. Les côtes peuvent être simples, c'est-à-dire composées uniquement de mailles à l'endroit et de mailles à l'envers, mais elles peuvent aussi inclure des éléments plus compliqués. Les côtes peuvent être disposées dans le sens longitudinal ou transversal, s'utiliser pour les éléments fonctionnels ou décoratifs et se tricotent de façon différente. Les côtes simples, constituées de mailles à l'endroit et de mailles à l'envers, sont désignées par les chiffres qui indiquent le nombre de mailles à répéter, par exemple les côtes 2/2 ou les côtes 3/1. Ici, le premier chiffre indique le nombre de mailles à l'endroit et le deuxième correspond au nombre de mailles à l'envers. Quant aux côtes plus compliquées, elles ont des noms spécifiques.

# LES CÔTES LES PLUS COURANTES

## LES CÔTES 1/1

Montez un nombre pair de mailles.

- Rang 1 (endroit) : 1 maille à l'endroit, *1 maille à l'endroit, 1 maille à l'envers*, répétez à partir de * jusqu'à la fin du rang.
- Rang 2 : 1 maille à l'envers, *1 maille à l'endroit, 1 maille à l'envers*, répétez à partir de * jusqu'à la fin du rang.

Alternez les rangs 1 et 2 jusqu'à la longueur nécessaire. Continuez à tricoter le motif désiré.

## LES CÔTES 2/2

Monter un nombre de mailles multiple de 4 + 2 mailles lisières.

- Rang 1 (endroit) : 2 mailles à l'endroit, *2 mailles à l'envers*, 2 mailles à l'endroit, répétez à partir de * jusqu'à la fin du rang.
- Rang 2 : 2 mailles à l'envers, *2 mailles à l'endroit, *2 mailles à l'envers*, répétez à partir de * jusqu'à la fin du rang.

Alternez les rangs 1 et 2 jusqu'à la longueur nécessaire des côtes. Continuez à tricoter le motif principal.

## LES RAYURES EN JERSEY ENVERS

- Rang 1 : toutes les mailles à l'endroit.
- Rang 2 : toutes les mailles à l'envers.
- Rang 3 : toutes les mailles à l'endroit.
- Rang 4 : toutes les mailles à l'endroit.
- Rang 5 : toutes les mailles à l'envers.
- Rang 6 : toutes les mailles à l'endroit.
- Rang 7 : répétez à partir du 1er rang.

### LES CÔTES ANGLAISES

Ce point convient bien pour tricoter une écharpe, un bonnet ou un pull.

Montez un nombre pair de mailles.

- Rang 1 : 1 maille lisière, *1 maille à l'endroit, 1 maille à l'envers*, 1 maille lisière.
- Rang 2 : 1 maille lisière, *1 maille à l'endroit, 1 jeté, glissez une maille à l'envers sans la tricoter*, 1 maille lisière.
- Rang 3 : répétez à partir du 1er rang.

### LES CÔTES POLONAISES

Montez un nombre de mailles multiple de 4 + 2 mailles lisières.

- Rang 1 : *3 mailles à l'endroit, 1 maille à l'envers*.
- Rang 2 : *2 mailles à l'endroit, 1 maille à l'envers, 1 maille à l'endroit*.
- Rang 3 : répétez à partir du 1er rang.

C'est un point double face, on peut donc tricoter en rond. Il convient bien pour tricoter les chapeaux, les pulls et les jupes.

### LES CÔTES FANTAISIES (1ER EXEMPLE)

- Rang 1 : *2 mailles à l'endroit, 2 mailles à l'envers, 1 maille à l'endroit, 1 maille à l'envers*.
- Rang 2 : 1 maille à l'endroit, *2 mailles à l'endroit, 1 maille à l'envers, 1 maille à l'endroit, 2 mailles à l'envers*, répétez les points entre * et *.
- Rang 3 : répétez à partir du 1er rang.

### LES CÔTES FANTAISIES (2E EXEMPLE)

Montez un nombre pair de mailles + 2 mailles lisières.

- Rang 1 : *glissez 1 maille à l'envers sans la tricoter, un jeté, 1 maille à l'endroit*.
- Rang 2 : *1 maille à l'envers, 1 maille à l'endroit (tricotées ensemble avec un jeté)*.
- Rang 3 : répétez à partir du 1er rang.

### LES POINTS AJOURÉS

Les points ajourés sont faits de mailles tricotées ensemble et de jetés. En règle générale, il faut faire les jetés de l'avant vers l'arrière et les tricoter dans les rangs envers, en piquant sous le brin arrière des mailles. Le principe essentiel est de faire les augmentations (avec les jetés) après les diminutions et vice versa. C'est la disposition des jetés sur le travail ainsi que les répétitions des séquences de mailles qui permettent de créer le motif ajouré (dentelle). Les points ajourés sont infiniment variés. Ils peuvent être composés de motifs plus ou moins grands et se distinguent par la complexité de la texture. Ils peuvent former des lignes horizontales, verticales ou diagonales. Souvent, les ouvrages tricotés en point ajouré sont de vrais œuvres d'art.

# LES POINTS À MAILLES CROISÉES

## LES POINTS TORSADÉS

Les torsades sont utilisées très souvent pour tricoter des vêtements contemporains. Le tricot en point torsadé présente un relief prononcé. Si vous avez choisi le modèle avec les torsades, n'oubliez pas que ce point demande plus de fil que d'habitude. Ainsi, il faut faire attention à la description du modèle et prévoir la quantité nécessaire de fil. Les motifs avec les torsades ou les tresses peuvent être utilisés pour tricoter les ouvrages entiers ou pour les décorer. Dans certains modèles, vous pouvez trouver plusieurs types de torsades en combinaison avec d'autres motifs, par exemple, avec un point ajouré.

Les torsades peuvent être composées d'un nombre différent de mailles et se tricoter à l'endroit ou à l'envers. Les tresses à 2 mailles peuvent se tricoter sur le côté endroit ou sur le côté envers du travail. Les tresses plus larges se tricotent normalement sur le côté endroit du travail. Si les tresses sont composées de mailles à l'endroit et de mailles à l'envers, il faut les alterner à condition d'avoir les mailles à l'endroit sur le côté endroit du travail. Pour tricoter une torsade 1/1, vous n'êtes pas obligé d'utiliser une aiguille auxiliaire. Si vous voulez réaliser des torsades plus larges, vous aurez besoin d'une aiguille auxiliaire. Les torsades complexes se tricotent avec deux aiguilles auxiliaires qui peuvent être assez courtes mais doivent avoir le même diamètre que les aiguilles principales.

### LES MOTIFS JACQUARD

Les motifs jacquard sont réalisés avec du fil de couleurs différentes selon les grilles de jacquard. L'origine de ce terme vient du nom de l'inventeur du métier à tisser permettant de créer des motifs complexes pendant le processus de production des tissus. Les motifs jacquard se tricotent à la main selon le même principe. Pour le travail, on utilise plusieurs fils de couleurs différentes. Pour tricoter les motifs jacquard qu'on appelle aussi les motifs norvégiens, il est préférable de choisir du fil de couleur unie.

### LES MOTIFS COMBINÉS

Comme leur nom l'indique, ces motifs sont composés de différents points de tricot : les points ajourés, les mailles à l'endroit et à l'envers, les torsades. Les motifs combinés sont réalisables uniquement à la main. Ils sont plus difficiles à tricoter, car il faut maîtriser tous les points utilisés. Mais les ouvrages réalisés avec les motifs combinés ont un aspect très décoratif et spectaculaire. Ils ne nécessitent pas de formes compliquées car l'attention est attirée surtout vers le motif du tricot.

## LES POINTS EN RELIEF

Les points en relief se font par l'alternance de mailles à l'endroit et de mailles à l'envers dans le même rang. Vous pouvez créer toutes sortes de motifs et de textures en combinant de différentes façons deux types de mailles : mailles à l'endroit et mailles à l'envers. Leur alternance permet de tricoter des losanges, des chevrons ou des vagues, des structures plastiques ou d'autres motifs fantaisie. En plus, les points en relief sont très faciles à réaliser, ils sont accessibles même aux débutants.

## LES MOTIFS À MAILLES GLISSÉES

Pour tricoter des motifs à mailles glissées, il faut glisser ensemble le jeté et la maille à l'envers, puis tricoter ensemble le jeté et la maille à l'endroit. Les mailles glissées permettent de créer des effets spécifiques.

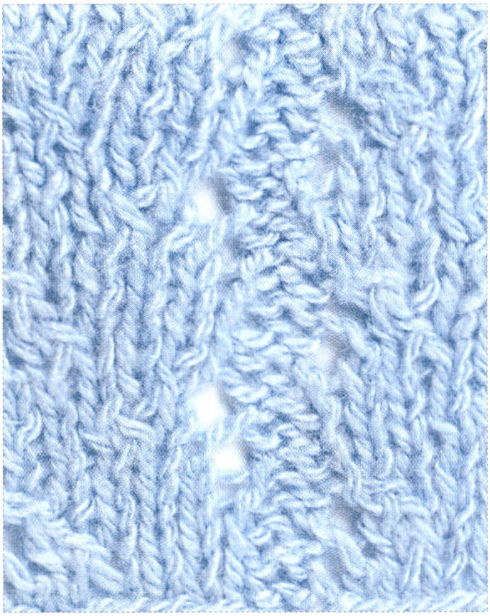

# Les méthodes de tricot

*Avant de commencer à tricoter, il faut monter les mailles sur les aiguilles. Il existe plusieurs méthodes de montage de mailles qui s'adaptent aux motifs différents et peuvent donner à votre ouvrage une très jolie finition. Chaque technique de montage a ses avantages. En fonction de la méthode choisie, la bordure de votre travail peut présenter des caractéristiques différentes. En vous familiarisant avec plusieurs méthodes, vous pourrez toujours choisir la méthode la plus adaptée à votre modèle et ainsi éviter les mouvements inutiles dès le début de votre travail.*

## 1RE MÉTHODE

La plus simple et la plus répandue des méthodes de montage de mailles pour le tricot est la méthode traditionnelle. Elle s'adapte à toutes sortes de travaux. En utilisant cette méthode, vous pourrez commencer à tricoter le point choisi tout de suite après avoir monté les mailles.

Prenez le fil de pelote dans la main gauche. La longueur du fil laissé avant la boucle doit représenter environ deux fois la largeur du tricot à réaliser.

Enroulez le fil autour du pouce de la main gauche dans le sens des aiguilles d'une montre, puis tendez le fil autour de l'index. Tenez les deux extrémités du fil dans la main gauche.

1

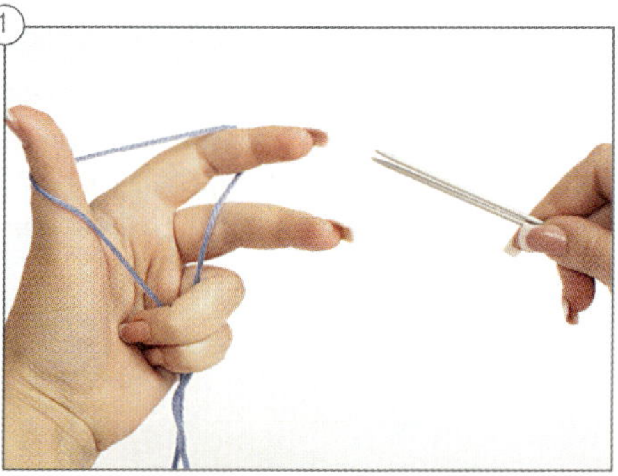

2

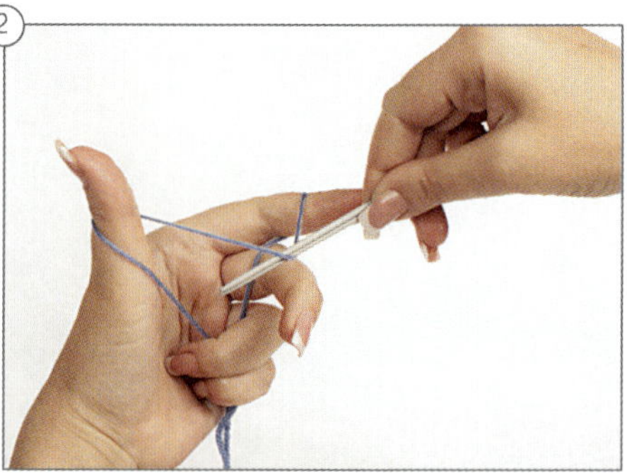

Prenez deux aiguilles dans la main droite et glissez leurs pointes dans la boucle formée autour du pouce, attrapez le fil enroulé autour de l'index et tirez-le à travers la boucle du pouce. Ensuite, dégagez le pouce de la boucle et tirez doucement le fil pour resserrer la maille sur les aiguilles à l'aide du pouce et de l'index.

Tenez la maille formée par l'index de la main droite et inclinez les aiguilles vers le bas. Répétez les mêmes mouvements pour faire la deuxième maille.

Vous avez deux mailles sur les aiguilles. Continuez à monter les mailles de la même façon que la deuxième. Pour ne pas tordre les fils autour des aiguilles, maintenez chaque nouvelle maille à l'aide de l'index de la main droite.

3

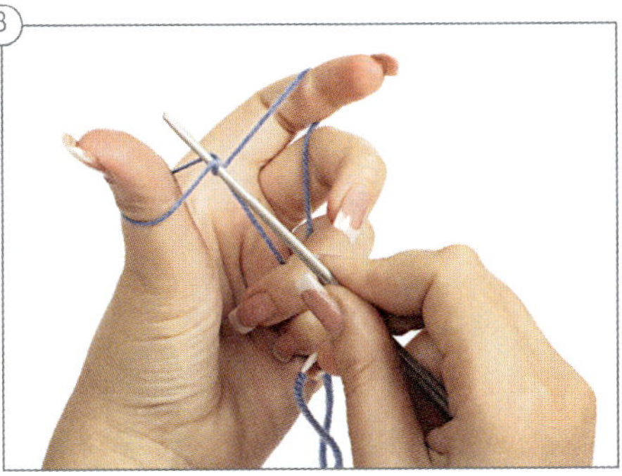

4

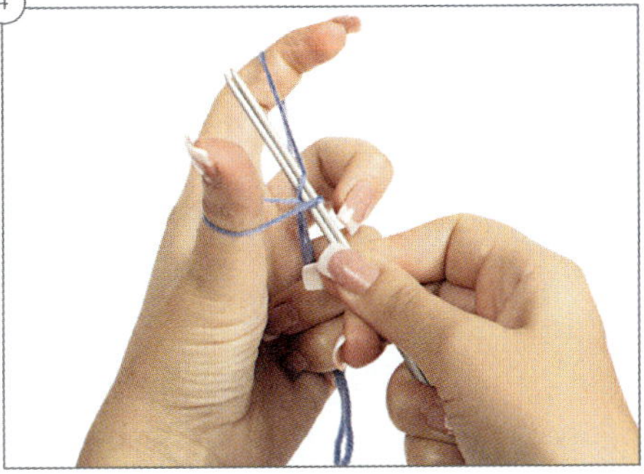

5

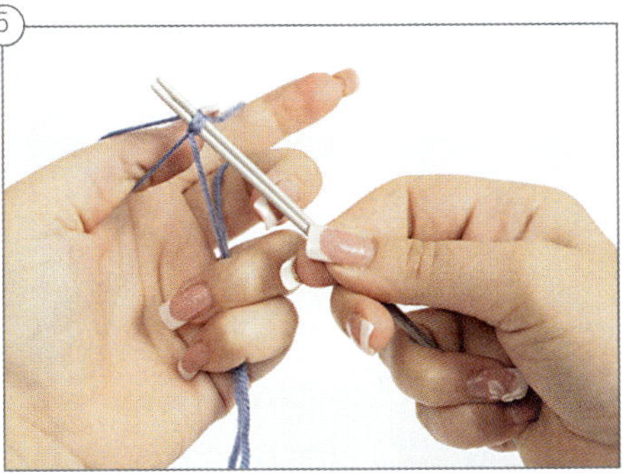

6

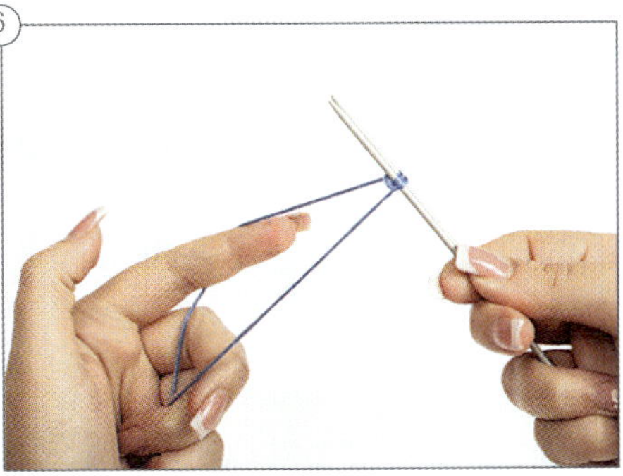

# 2E MÉTHODE

Cette méthode permet de former un bord de l'ouvrage qui ressemble à une cordelette et forme une sorte de bordure décorative. Elle convient parfaitement pour tricoter des ouvrages en mohair qui nécessitent le renforcement du bord du bas de l'ouvrage.

En utilisant cette méthode, vous pourrez commencer à tricoter le point choisi tout de suite après avoir monté les mailles. Les mailles du rang de base sont tricotées avec le fil principal et les mailles de la chaînette avec le fil plus large, composé de trois fils.

Avant de commencer à monter les mailles, il faut donc plier en trois le fil de montage venant de la pelote.

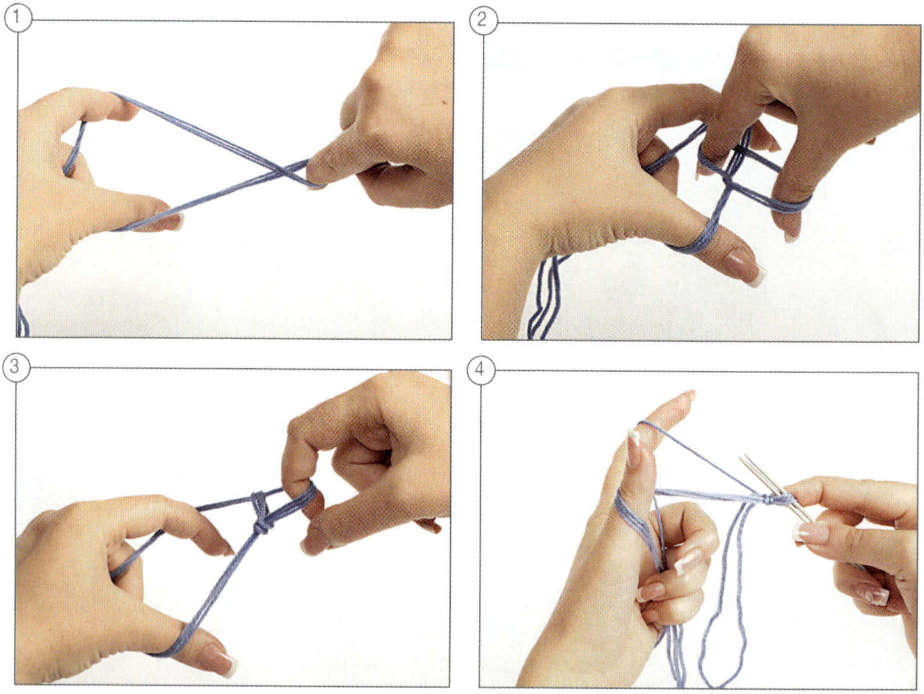

Enroulez les fils autour des doigts de la main gauche : le fil principal doit se trouver sur l'index et le fil en triple sur le pouce pour former ainsi une boucle entre les deux doigts.
Prenez deux aiguilles et glissez leurs pointes dans la boucle sous le fil principal. La boucle et le fil principal sur les aiguilles forment la première maille de montage. Tenez la maille formée par l'index de la main droite et inclinez les aiguilles vers le bas. Continuez à monter les mailles de la même façon que pour la méthode traditionnelle.

5

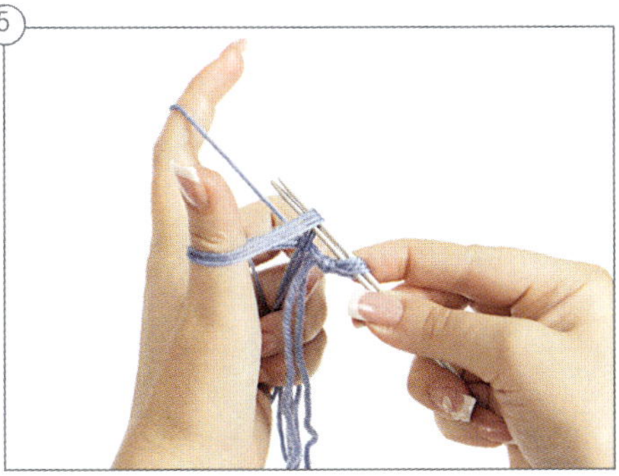

6

7

8

# 3E MÉTHODE

Le bord, formé par les mailles montées avec cette méthode, est très souple. Vous pouvez donc l'utiliser pour commencer le tricot ou pour faire des augmentations de plusieurs mailles qui servent à élargir le travail.

En utilisant cette méthode, vous pourrez commencer à tricoter le point choisi tout de suite après avoir monté les mailles.

D'habitude, il est nécessaire de mesurer le fil pour monter les mailles. Mais avec cette méthode, on travaille avec le fil venant de la pelote et donc le fil de montage sert uniquement pour la première maille qu'on monte avec la méthode traditionnelle.

1
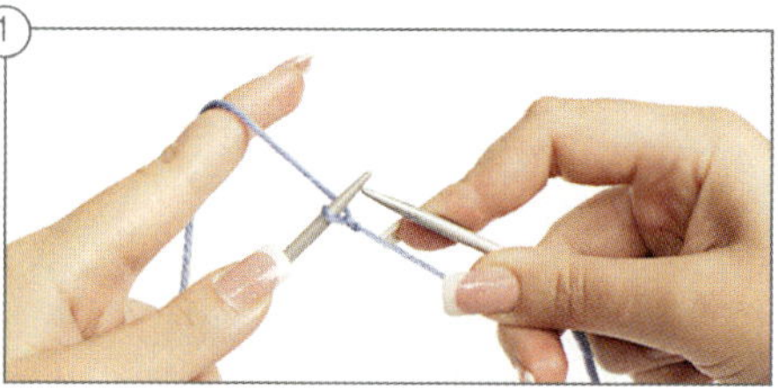

2
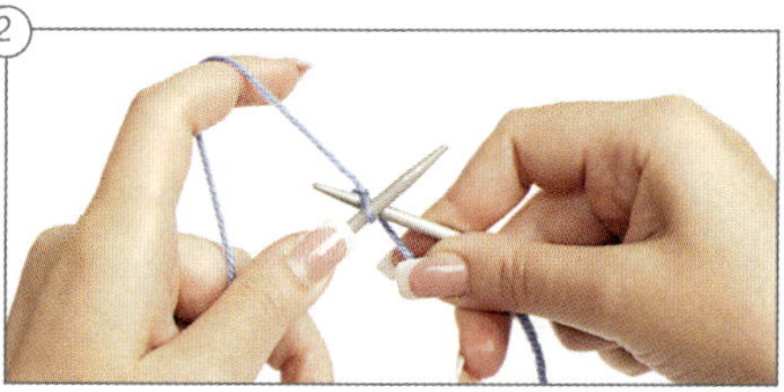

3
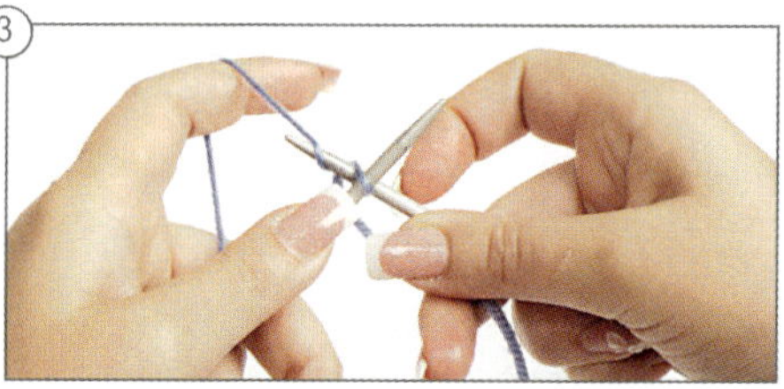

4
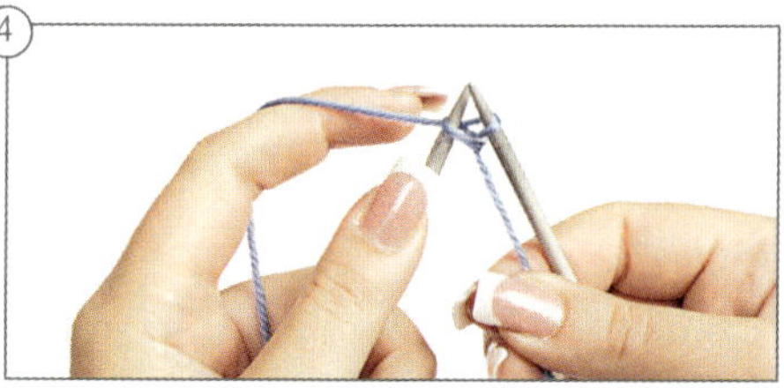

5
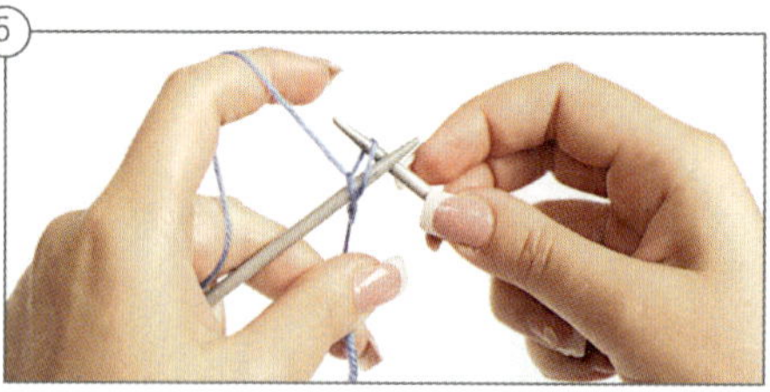

6
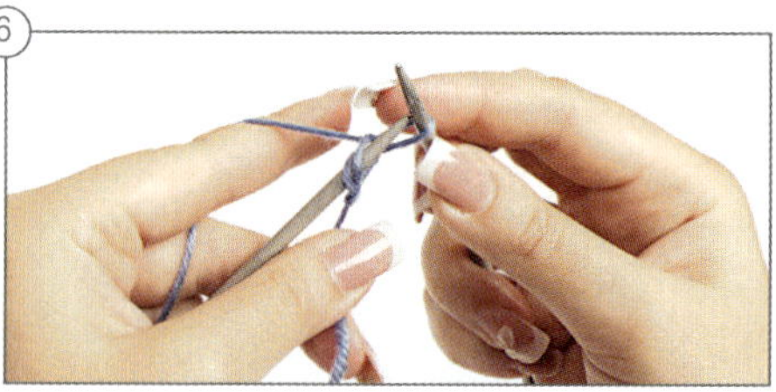

Prenez l'aiguille avec la première maille dans la main gauche et l'autre aiguille dans la main droite. Tricotez la maille à l'endroit et laissez-la sur l'aiguille gauche.
Faites une nouvelle boucle et glissez-la aussi sur l'aiguille gauche. Il y a deux mailles sur l'aiguille gauche. Tricotez la deuxième maille à l'endroit et laissez-la sur l'aiguille gauche.
Faites ensuite une nouvelle boucle et glissez-la aussi sur l'aiguille gauche. Continuez ainsi pour monter le nombre de mailles nécessaire.

7
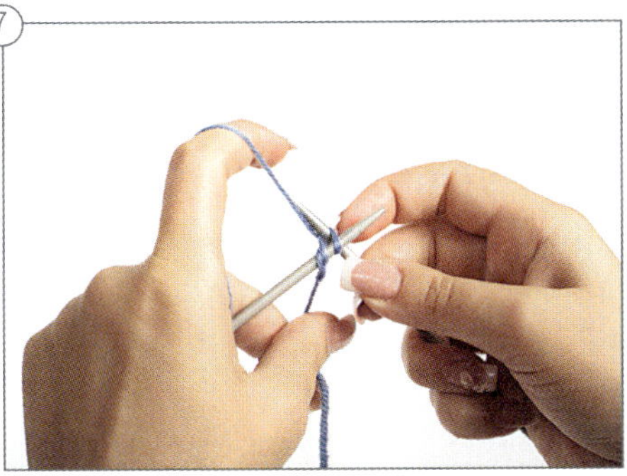

8
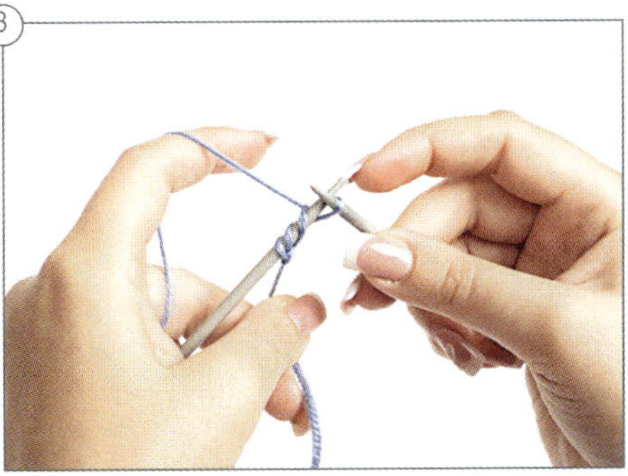

9
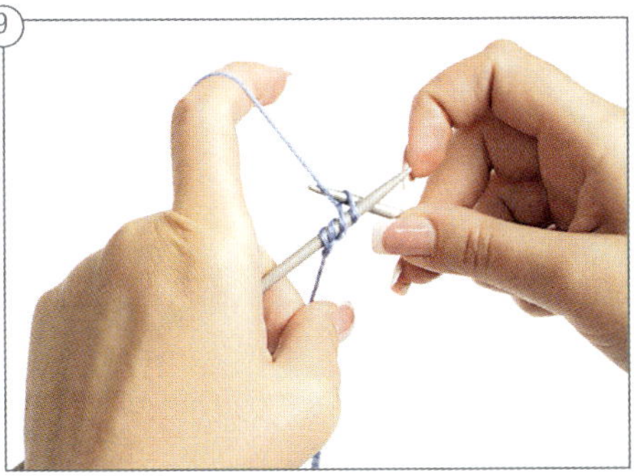

10
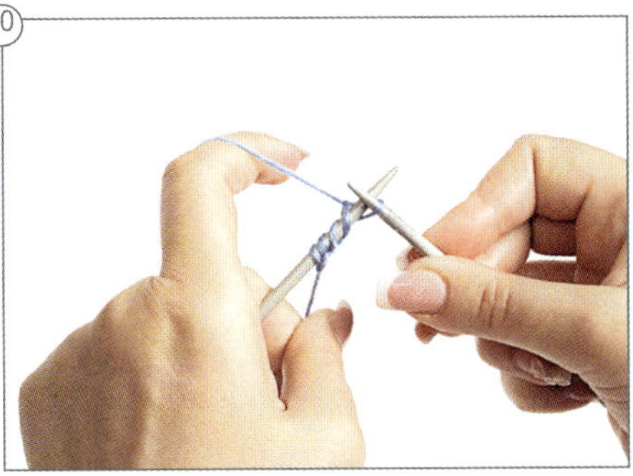

# 4E MÉTHODE

Le bord formé par les mailles montées avec cette méthode ne s'étire pas. On peut l'utiliser pour commencer le tricot, pour faire les augmentations multiples ou pour tricoter les boutonnières. En utilisant cette méthode, vous pourrez commencer à tricoter le point choisi tout de suite après avoir monté les mailles.

Comme avec la méthode précédente, on travaille avec le fil venant de la pelote et donc le fil de montage sert uniquement pour la première maille qu'on monte avec la méthode traditionnelle. Prenez l'aiguille avec la première maille dans la main droite et l'autre aiguille dans la main gauche.

1

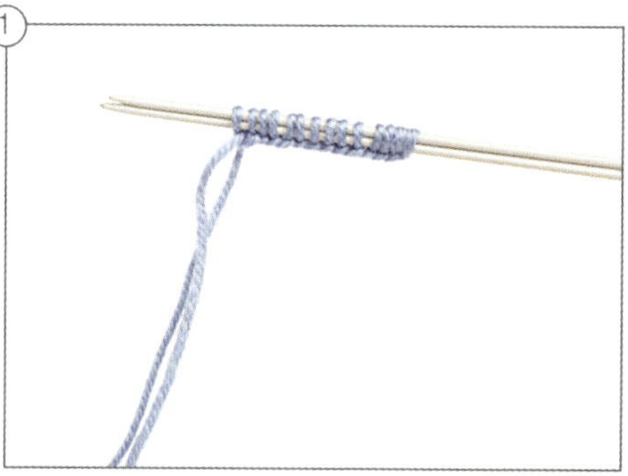

2

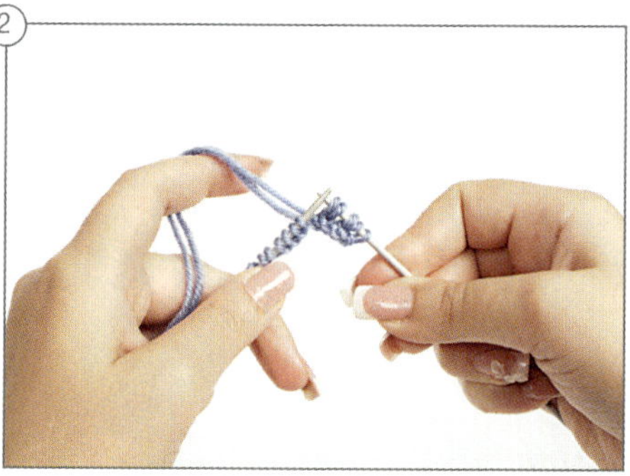

3

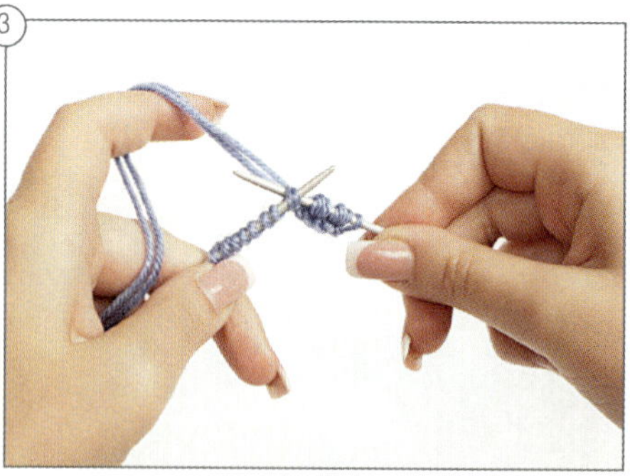

4

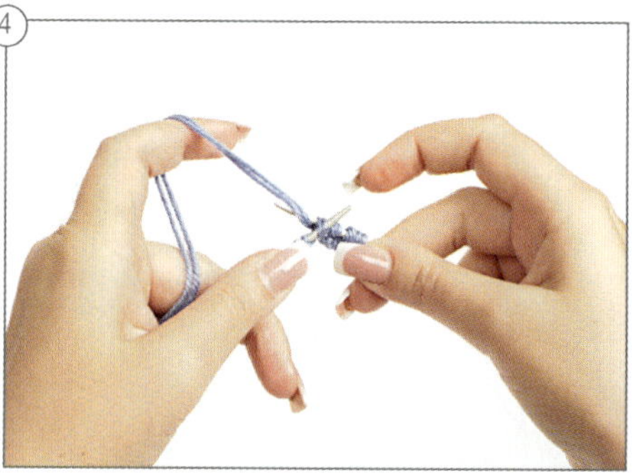

Enroulez le fil de travail autour de l'aiguille gauche, attrapez le fil derrière l'aiguille gauche avec l'aiguille droite et tirez-le à travers la maille qui se trouve sur l'aiguille droite. On obtient la première maille sur l'aiguille gauche.

Enroulez de nouveau le fil autour de l'aiguille gauche et tirez-le à travers la maille de l'aiguille droite.

Montez sur l'aiguille gauche le nombre de mailles nécessaire. La maille qui se trouve sur l'aiguille droite doit être suffisamment longue pour que ça soit plus facile d'y passer le fil de travail. Après avoir monté toutes les mailles, glissez la maille de l'aiguille droite sur l'aiguille gauche.

5

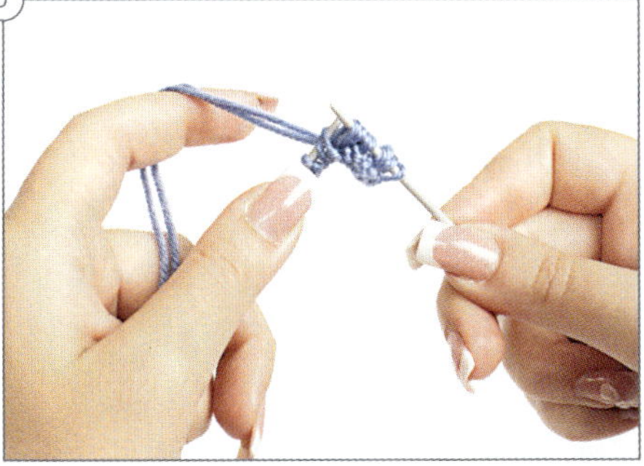

6

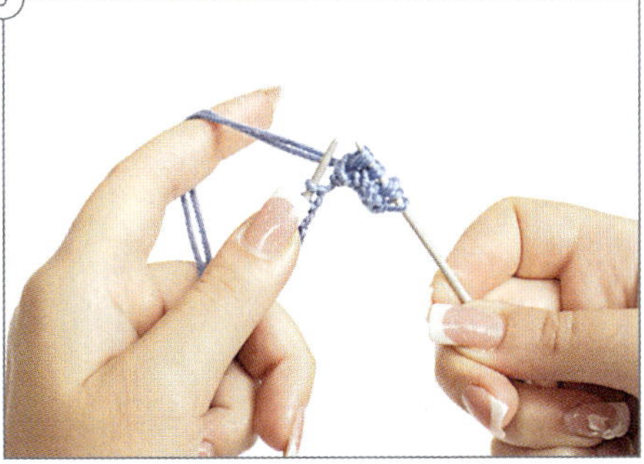

7

8

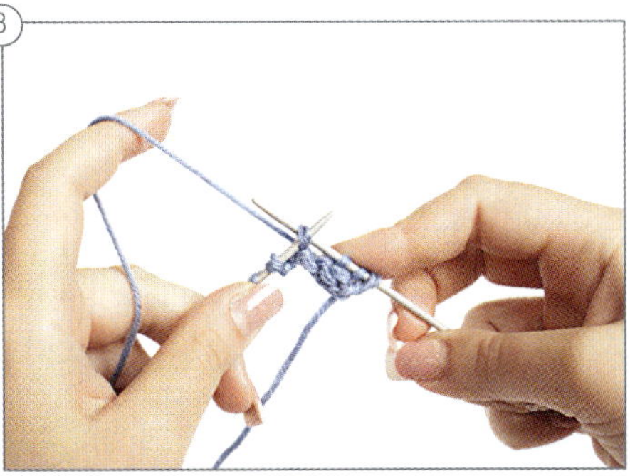

9

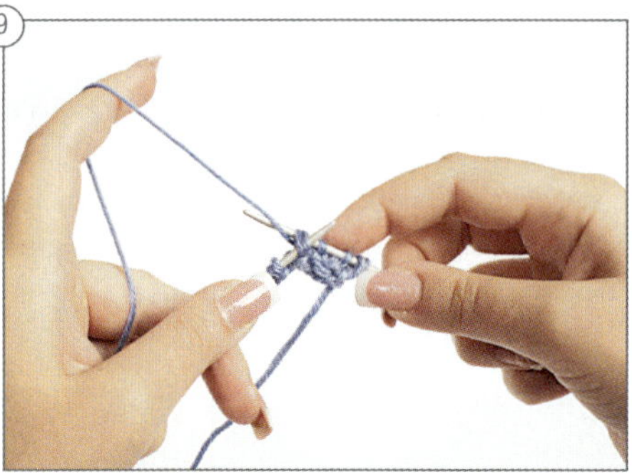

10

11

12

13

14

15

16

17

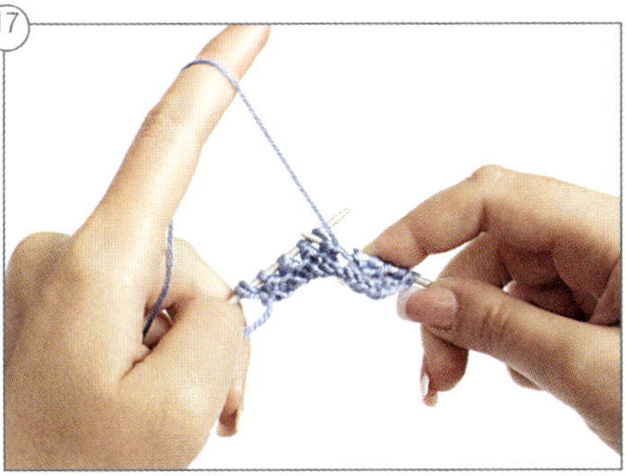

18

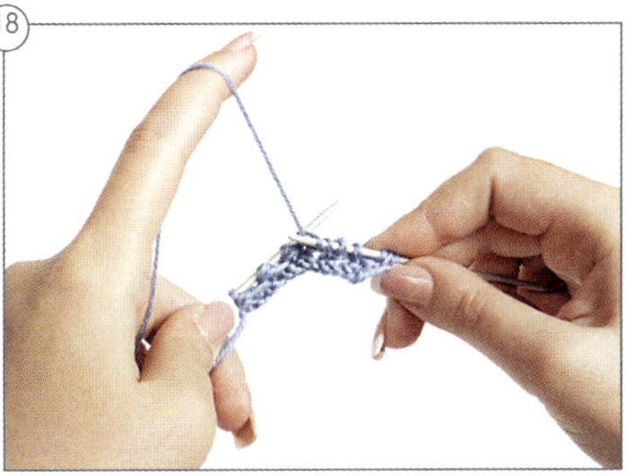

19

20

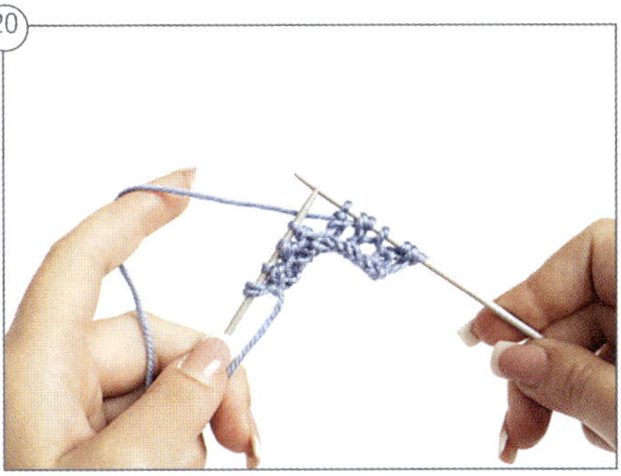

# 5$^{E}$ MÉTHODE

Parfois on appelle cette méthode « à la bulgare ». Elle permet de créer une bordure en relief grâce aux mailles montées et aux trois premiers rangs. On commence à tricoter le point choisi après avoir fait les trois rangs de la bordure.

Montez le nombre de mailles nécessaire en utilisant la méthode traditionnelle (le fil de montage doit être assez long, au moins deux fois plus long que la largeur du travail). Ensuite, tricotez ainsi :

1

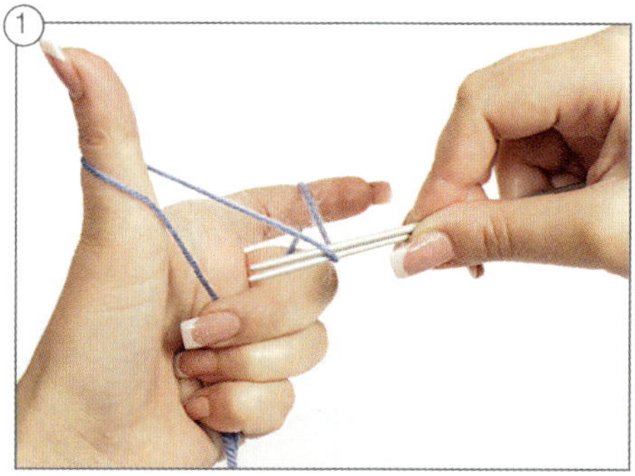

2

3

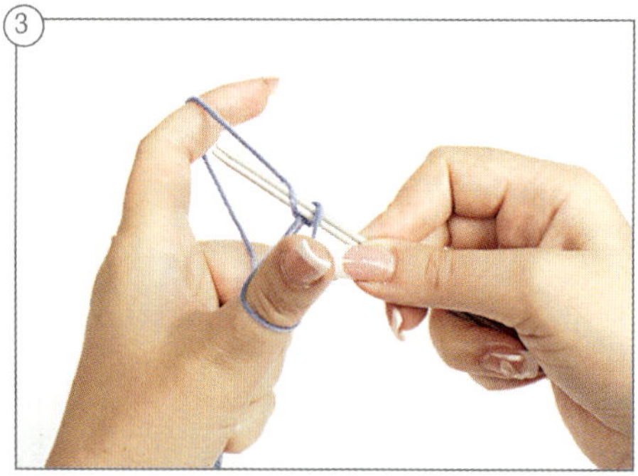

4

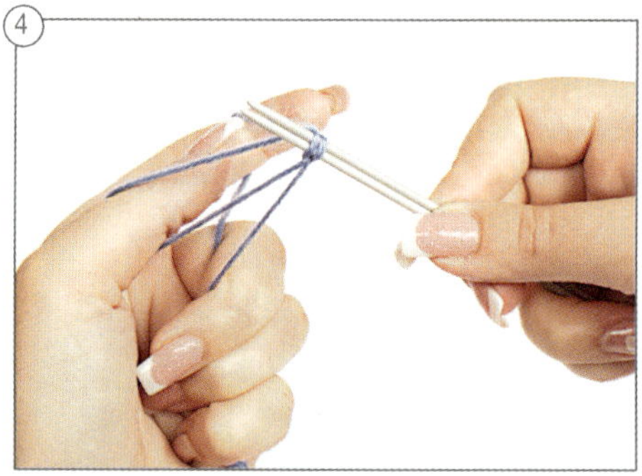

- Rang 1 : tricotez en fil double (le fil de travail et le fil de montage) 2 mailles ensemble à l'endroit en piquant sous le brin arrière des mailles.
- Rang 2 : tricotez avec le fil de travail à l'endroit.
- Rang 3 : tricotez toutes les mailles à l'envers et les fils entre les mailles à l'endroit.

5

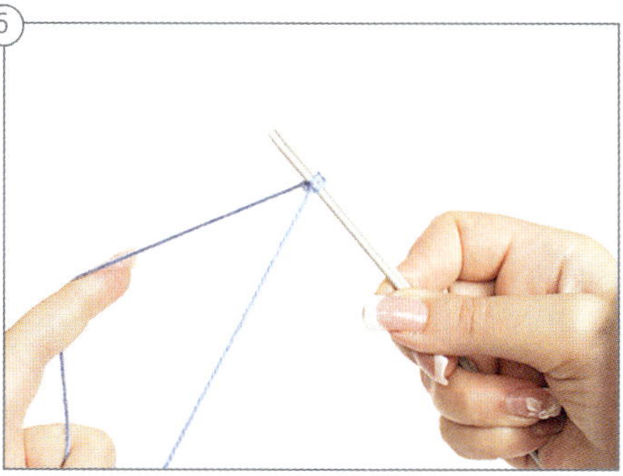

6

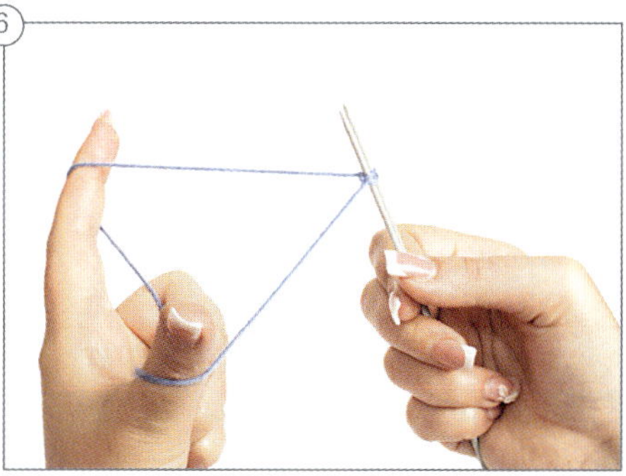

7

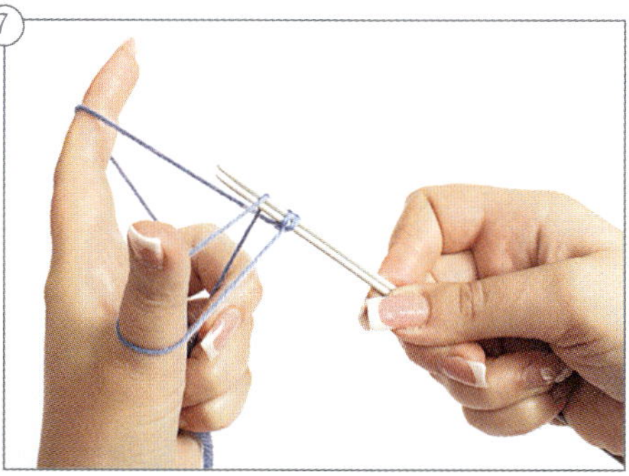

8

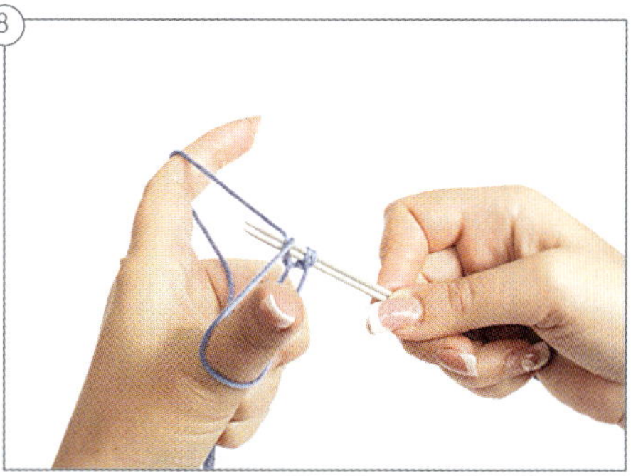

9

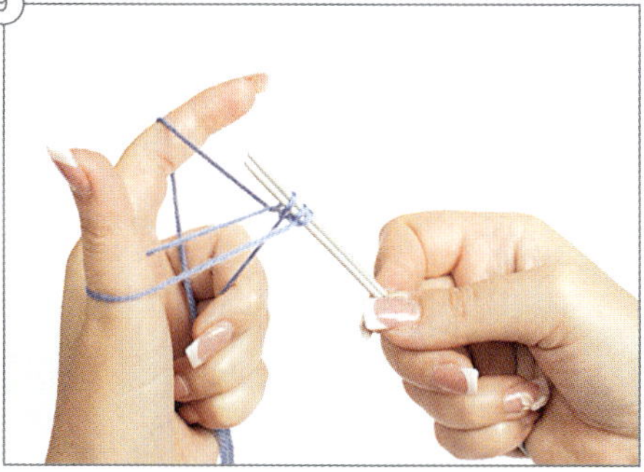

10

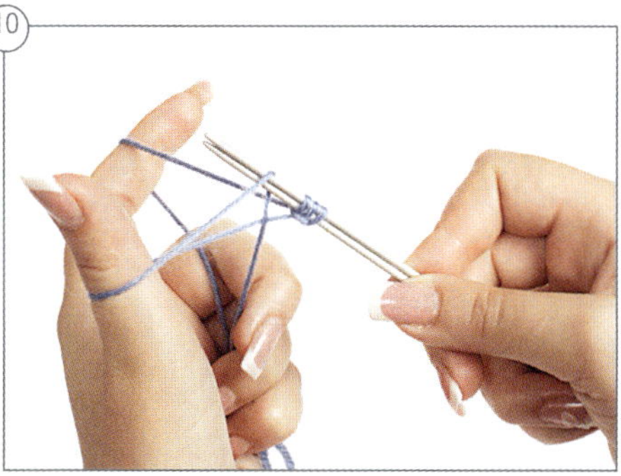

# 6E MÉTHODE

Le bord en mailles étirées est utilisé pour la décoration des moufles ou des écharpes, pour la finition des modèles destinés aux femmes et aux enfants. En utilisant cette méthode, vous pourrez commencer à tricoter le point choisi tout de suite après avoir monté les mailles.
Enroulez le fil autour des doigts de la main gauche comme pour la méthode traditionnelle. Montez la première maille avec deux aiguilles.

1

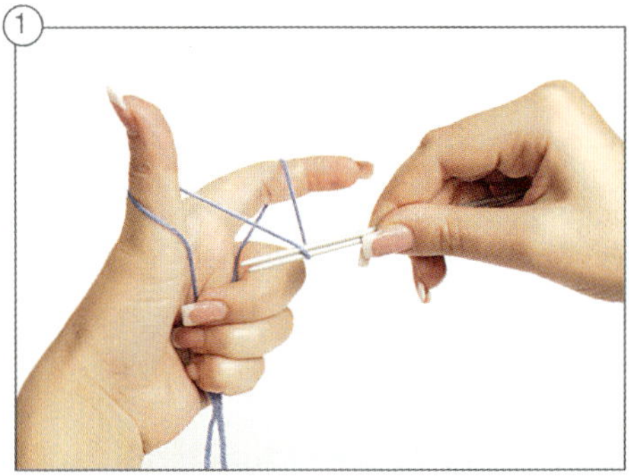

2

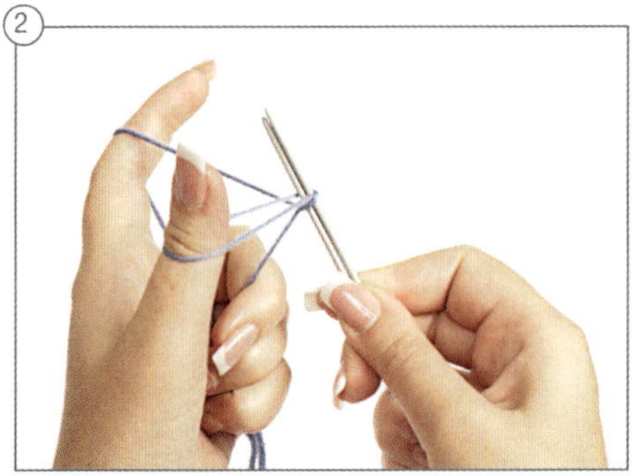

3

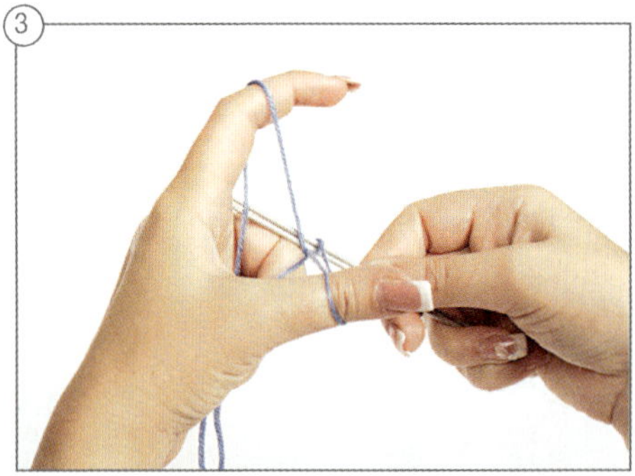

4

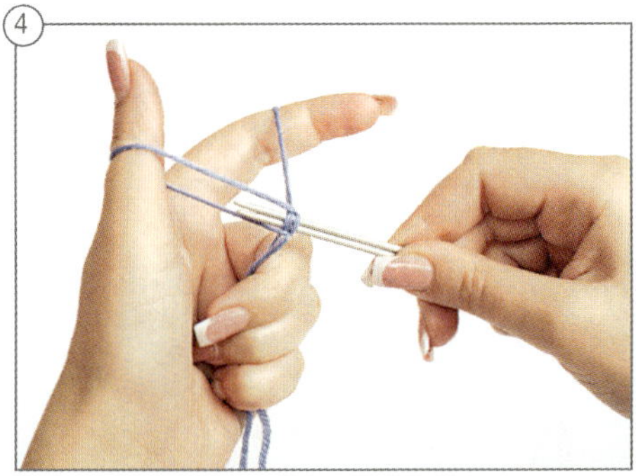

Ensuite, glissez les pointes des aiguilles dans la boucle formée autour du pouce, attrapez les deux fils enroulés autour de l'index et tirez-les à travers la boucle du pouce.

Dégagez le pouce de la boucle et resserrez la maille sous les aiguilles à l'aide du pouce. Dégagez l'index de la main gauche de la maille étirée et enroulez autour de l'index le fil de pelote.

Montez ainsi le nombre de mailles nécessaire, en réglant par l'index gauche la longueur des mailles étirées.

Les mailles obtenues de cette façon sont doubles. En tricotant le premier rang, il faut tricoter les mailles doubles ensemble comme si c'était une seule maille.

5

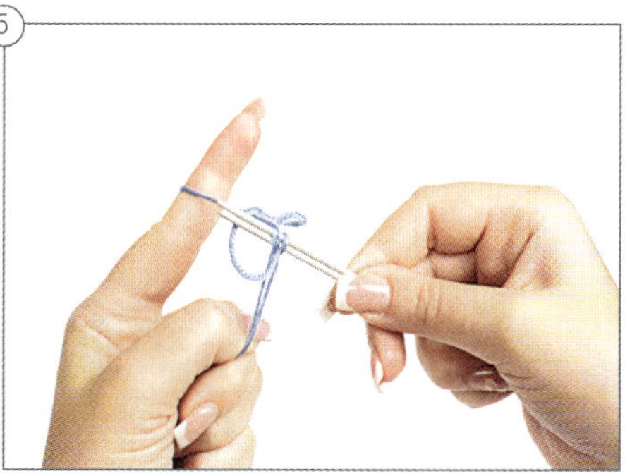

6

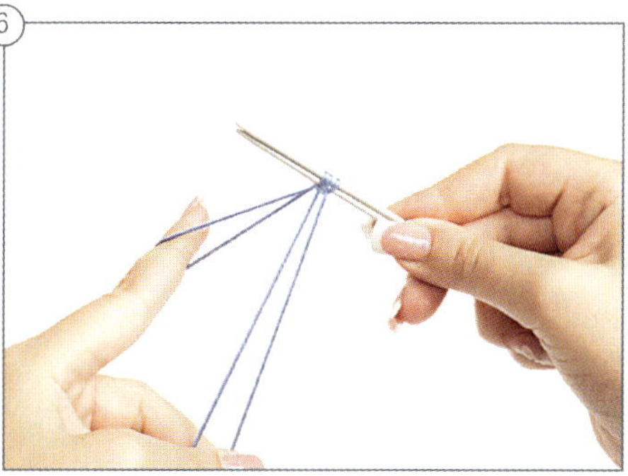

7

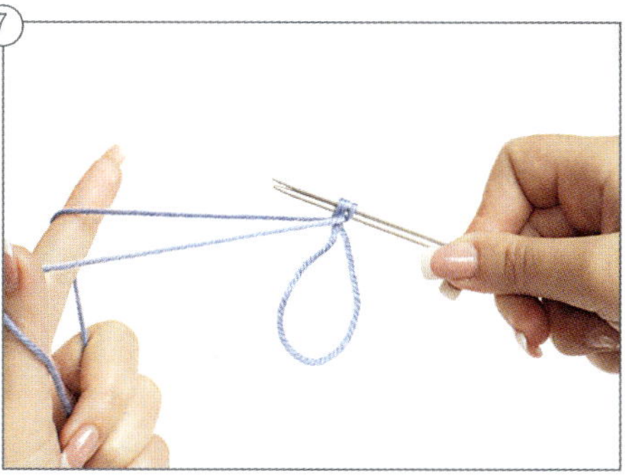

8

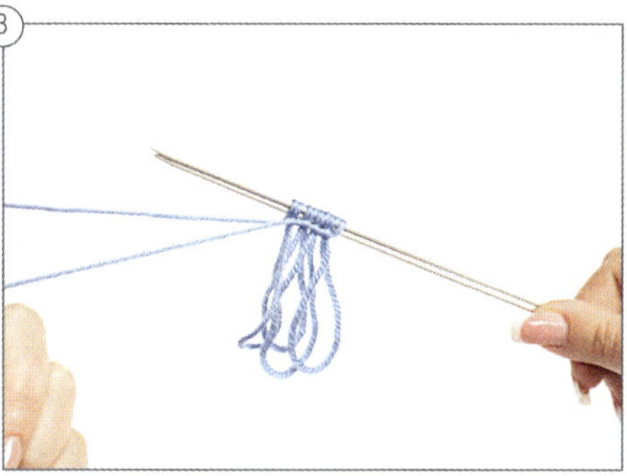

# 7E MÉTHODE

Les mailles montées avec cette méthode présentent une jolie finition. Le bord tient très bien la forme du tricot et peut décorer le début des côtes 1/1 ou du point mousse. Ce bord dense est formé grâce au montage de mailles et au premier rang. On commence à tricoter en côtes ou en point mousse après avoir tricoté un rang de bordure.

Pour monter les mailles, il faut commencer de la même façon que pour la deuxième méthode. Montez la première et la deuxième maille de la même façon que pour la deuxième méthode. Pour monter la troisième maille, piquez les aiguilles sous le fil en triple du côté intérieur du pouce et dégagez le pouce de la boucle.

Montez les mailles en piquant les aiguilles en alternance du côté extérieur et du côté intérieur du pouce de la main gauche. On obtient ainsi un rang de mailles disposées en paires (sauf les mailles lisières).

Pour former les jours, tricotez un rang à l'endroit, en faisant un jeté devant chaque paire de mailles, tricotez les paires de mailles ensemble à l'endroit en piquant sous le brin arrière des mailles.

1

2

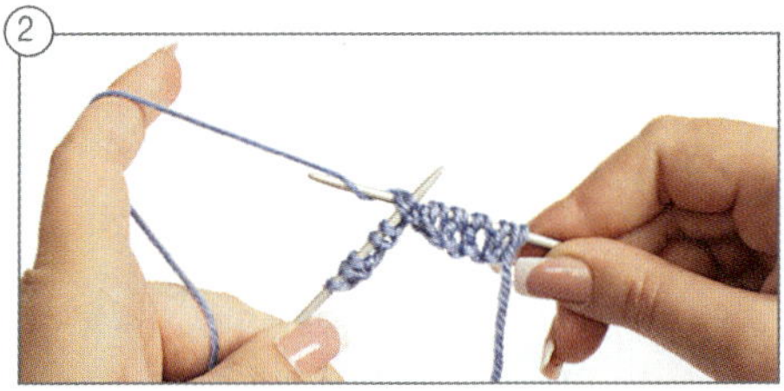

3

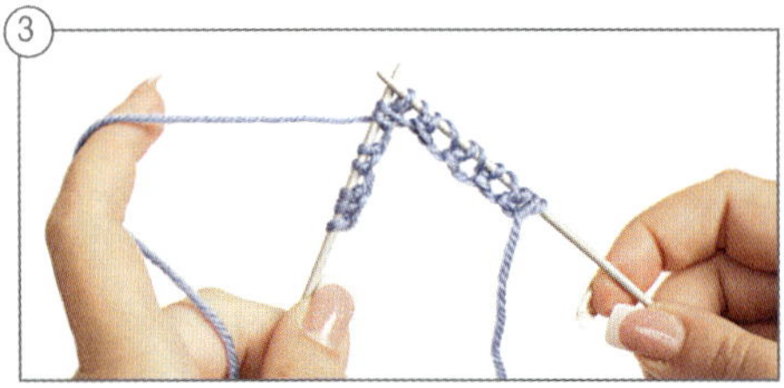

4

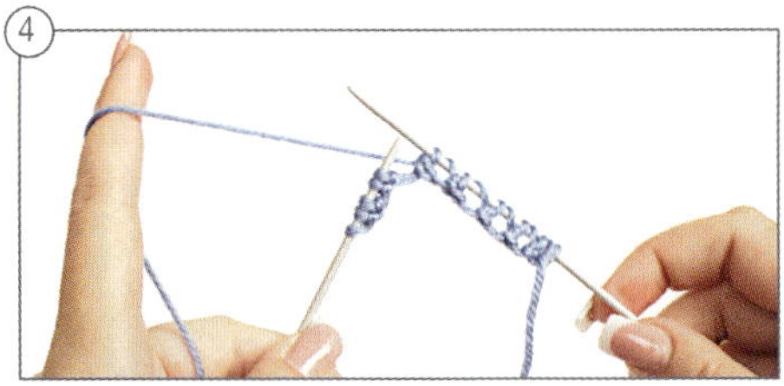

5

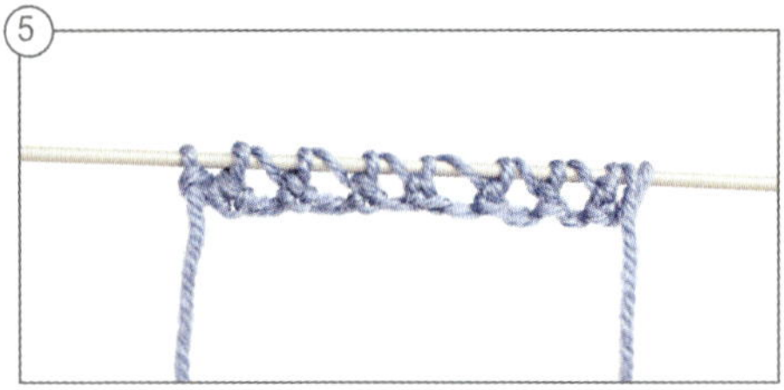

# 8E MÉTHODE

Le bord dense en mailles étirées est utilisé pour la décoration des moufles ou des écharpes, pour la finition des modèles destinés aux femmes et aux enfants. Ce bord est formé grâce au montage de mailles et au premier rang.

Après cela, on commence à tricoter l'ouvrage dans le point choisi. On prend les fils dans la main gauche et on monte les mailles de la même façon que pour la 7e méthode en faisant deux jetés après chaque paire de mailles.

Pour faire les mailles étirées, tricotez un rang : tricotez toutes les mailles à l'endroit, enlevez les jetés de l'aiguille gauche (ils forment les mailles étirées).

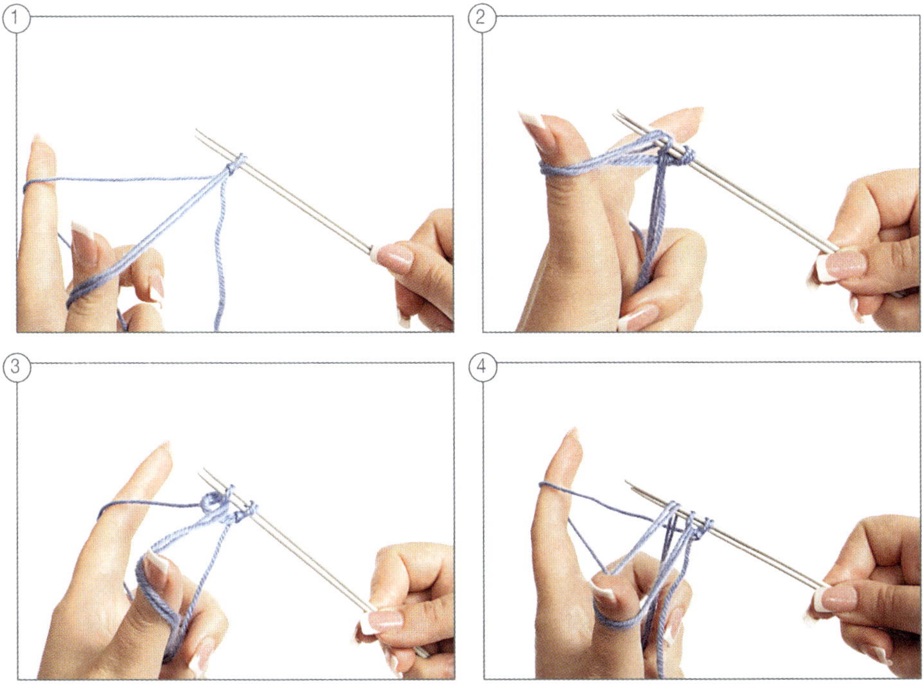

5

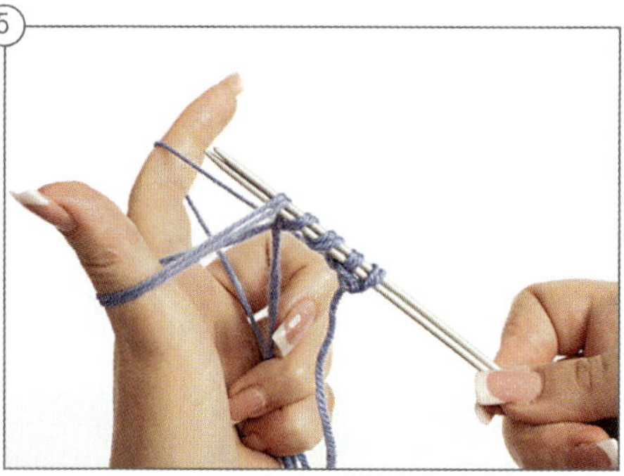

6

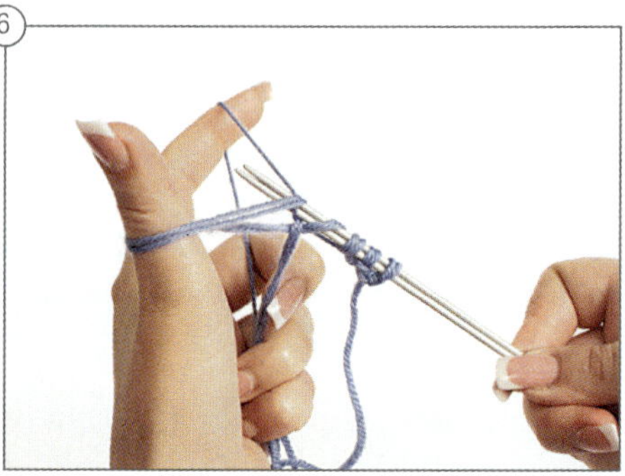

7

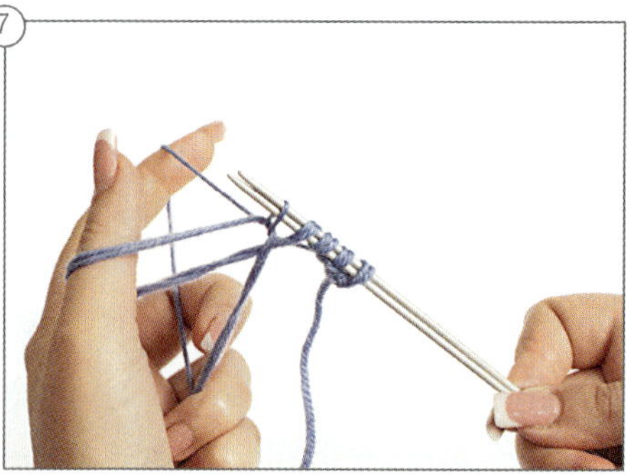

8

9

10

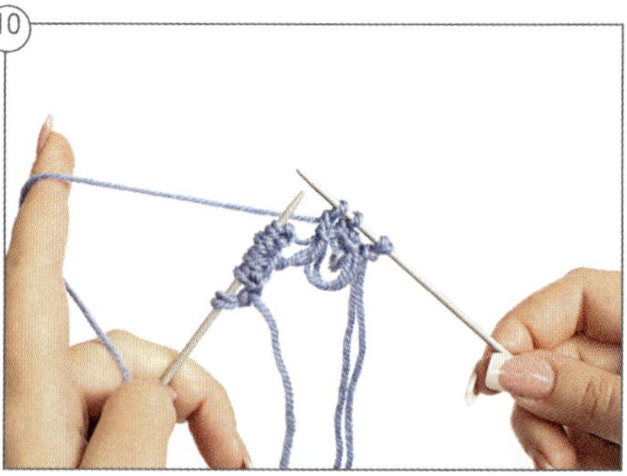

11
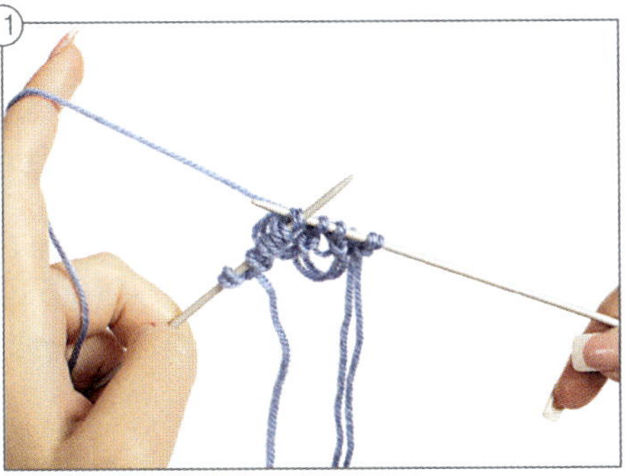

12
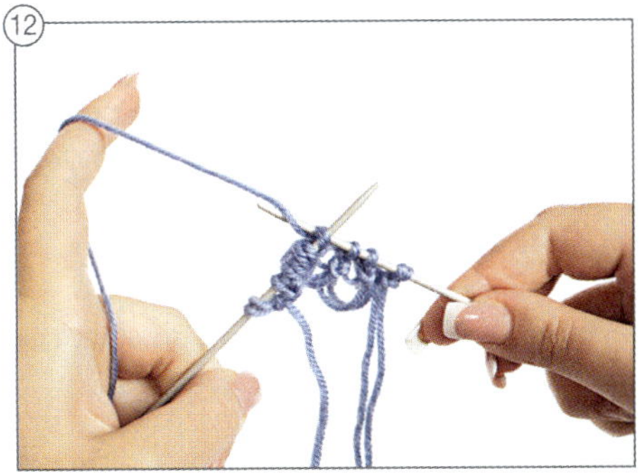

13
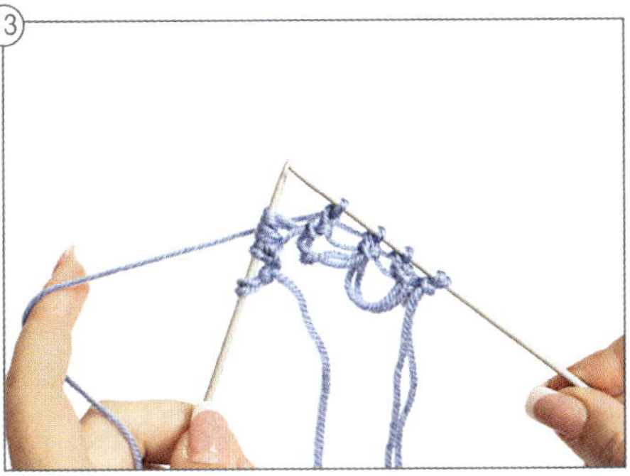

14
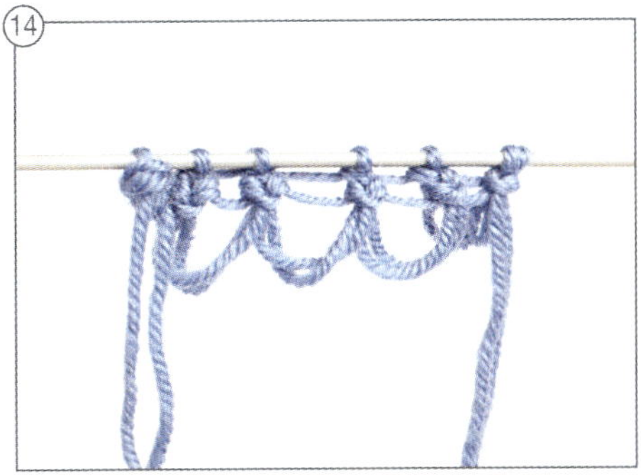

# 9E MÉTHODE

Le bord, formé par les mailles montées avec cette méthode, est souple et ne tire pas. Elle est souvent utilisée pour tricoter en côtes 1/1 ou dans le cas où le travail commence par un rang de mailles ouvertes.

Le bord formé de cette façon a l'apparence des mailles montées à la machine à tricoter. Pour monter les mailles, on utilise un fil auxiliaire de couleur contrastée qu'on enlève à la fin du travail.

Pour ne pas les étirer, on monte les mailles avec une seule aiguille.

Prenez le fil principal et le fil auxiliaire et nouez-les ensemble avec un nœud à une des extrémités. Glissez une aiguille sous le fil principal.

Enroulez les fils autour des doigts de la main gauche : le fil principal autour de l'index et le fil auxiliaire autour du pouce.

1

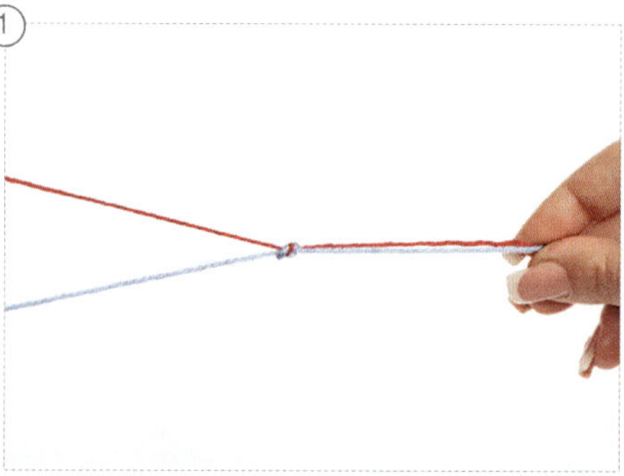

2

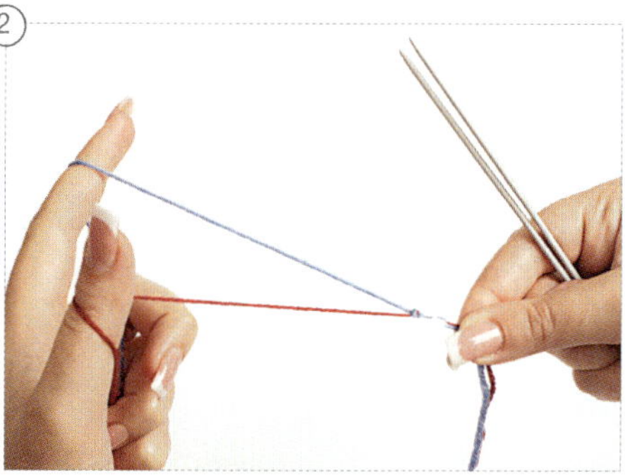

3

4

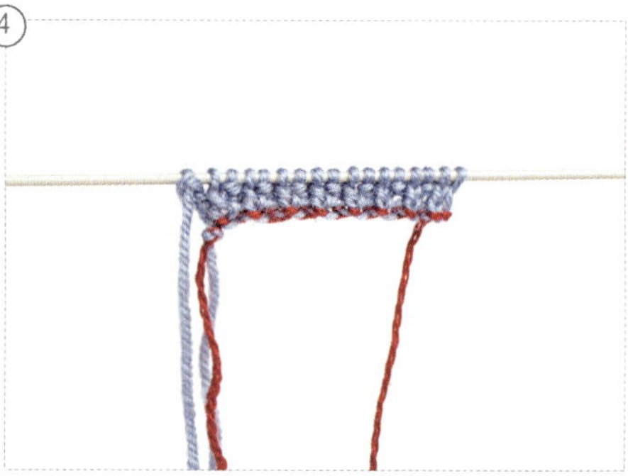

Montez les mailles avec la méthode traditionnelle. Les mailles de l'aiguille se forment avec le fil principal et les mailles de la chaînette sous l'aiguille avec le fil auxiliaire. Après avoir monté le nombre de mailles nécessaire, on coupe le fil auxiliaire.

Si le début de l'ouvrage doit être tricoté en mailles ouvertes, on commence à tricoter le premier rang en point choisi. À la fin du travail, on défait le fil auxiliaire du rang de montage.

Si le début de l'ouvrage doit être tricoté en côtes 1/1, on tricote les deux premiers rangs en côtes 2/2.

- Rang 1 : une maille à l'endroit, glissez la maille suivante sans la tricoter (le fil passe devant la maille glissée), etc.
- Rang 2 : tricotez les mailles glissées du rang précédent à l'endroit et glissez les mailles tricotées (le fil passe devant la maille glissée), etc. Le 3e rang et les rangs suivants se tricotent en côtes 1/1. Après avoir terminé les côtes, on défait le fil auxiliaire du rang de montage.

5

6

# 10^E^ MÉTHODE

Le bord composé de mailles ouvertes est utilisé pour les modèles qui nécessitent qu'on tricote en deux sens. On monte les mailles à l'aide de deux aiguilles de même diamètre. L'aiguille du bas est munie d'un cordon flexible.

Enroulez le fil autour des doigts de la main gauche de la même façon que pour la 1re méthode. Prenez une aiguille (sans cordon) dans la main droite et faites la première maille. Prenez ensuite dans la main droite deux aiguilles : l'aiguille avec la première maille et l'aiguille munie d'un cordon flexible (en bas).

1

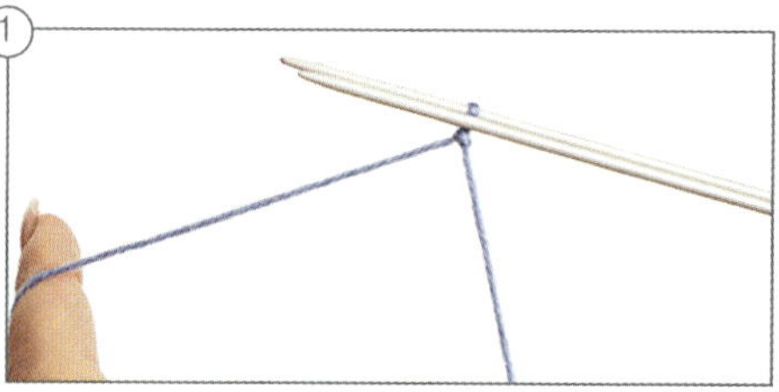

2

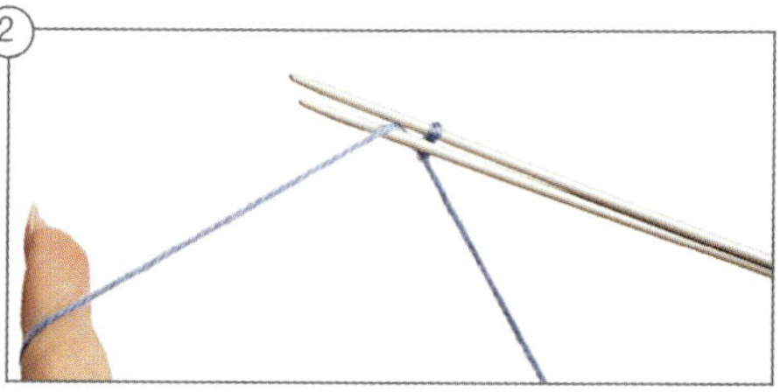

3

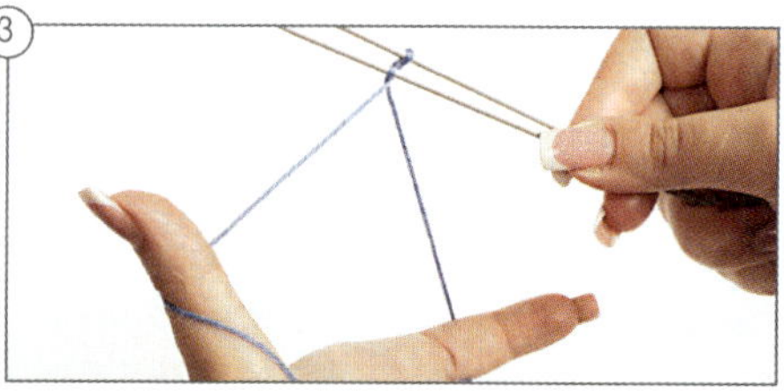

4

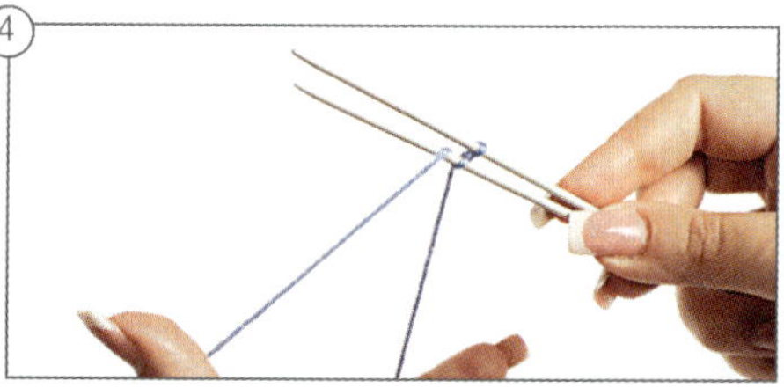

5

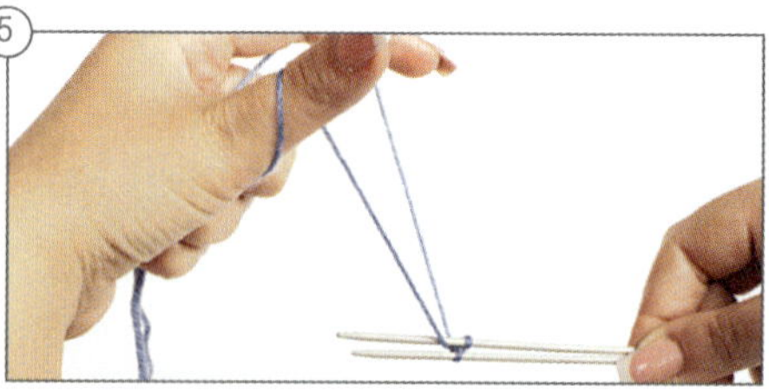

6

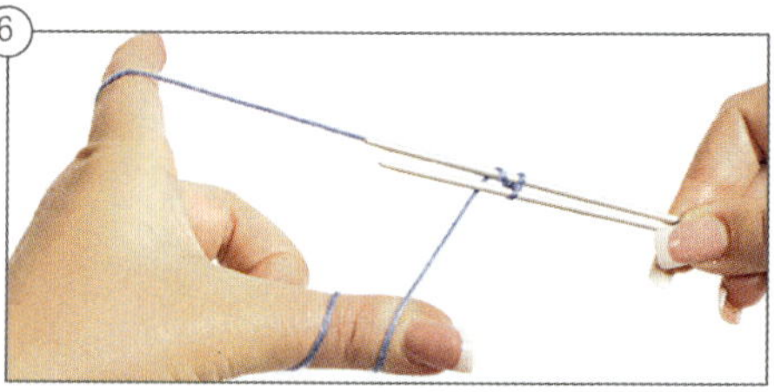

Passez le fil de l'index entre les aiguilles de l'arrière vers l'avant et posez-le sur l'aiguille inférieure.
Passez le fil du pouce entre les aiguilles de l'arrière vers l'avant et posez-le sur l'aiguille supérieure.
Alternez ces deux mouvements. Si les mailles sont montées correctement, vous devez avoir sur les aiguilles un rang.
Après avoir monté le nombre de mailles nécessaire, enlevez l'aiguille intérieure, en glissant les mailles sur le cordon flexible. Tricotez le point choisi sur les mailles de l'aiguille supérieure.
Pour vous entraîner à monter les mailles de cette façon, vous pouvez prendre deux fils de couleurs différentes. Dans ce cas, les mailles supérieures et les mailles inférieures doivent être de couleur différente.

7
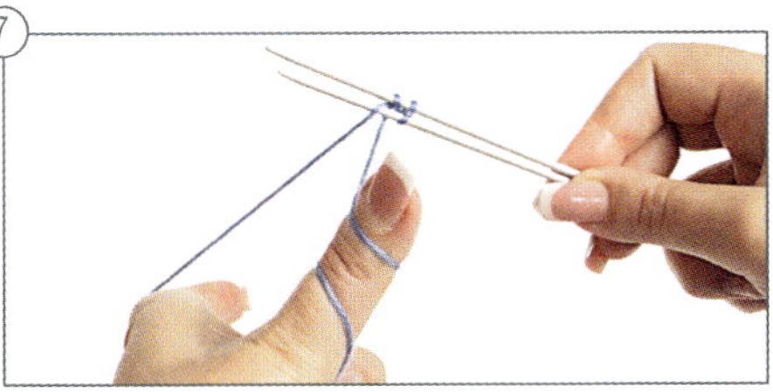

8
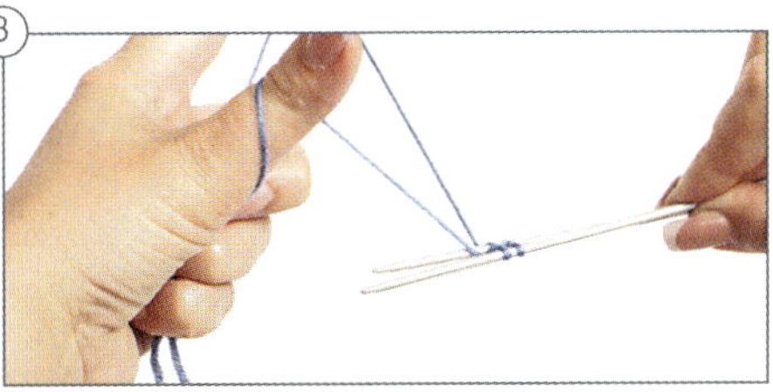

9
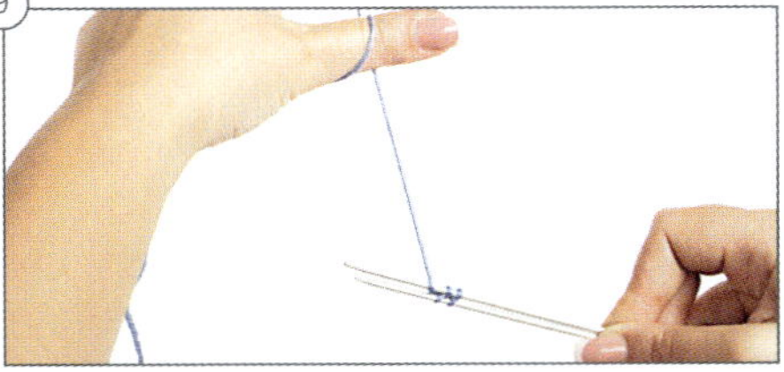

10
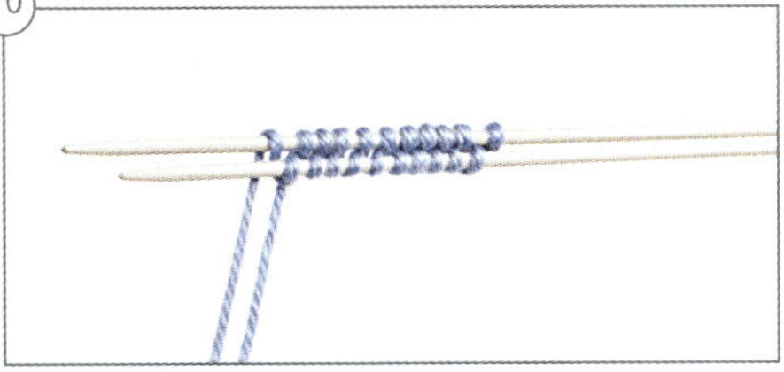

11
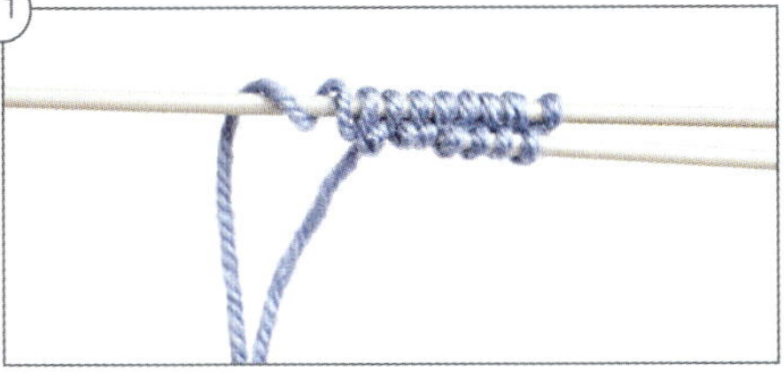

12

# 11E MÉTHODE

La bordure à festons. Pour ce type de montage, on utilise une aiguille fine et un crochet de même diamètre. Plus l'aiguille et le crochet sont fins, plus les festons seront petits.
En utilisant cette méthode, vous pourrez commencer à tricoter le point choisi tout de suite après avoir monté les mailles.
Prenez l'aiguille et le crochet dans la main droite. La tête du crochet doit être en haut et un peu plus loin que la pointe de l'aiguille. Montez 8 mailles en l'air, en utilisant la boucle du pouce. Montez uniquement la 9e maille sur le crochet.

1

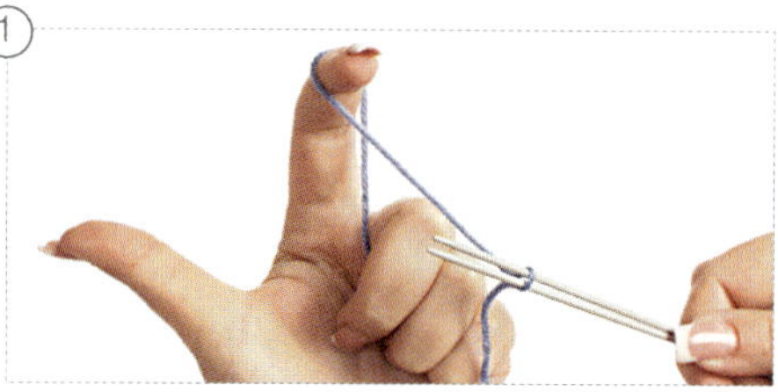

2

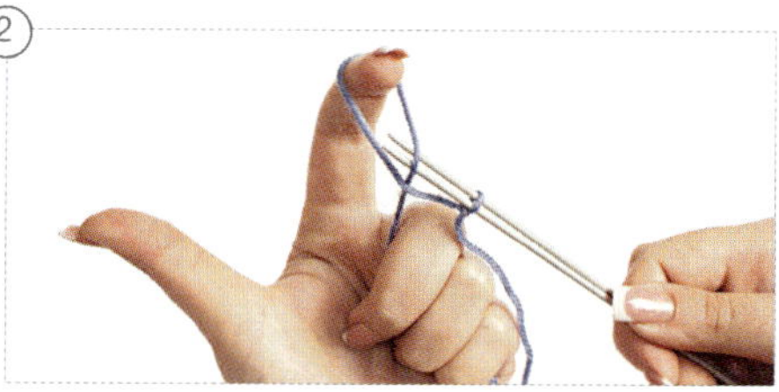

3

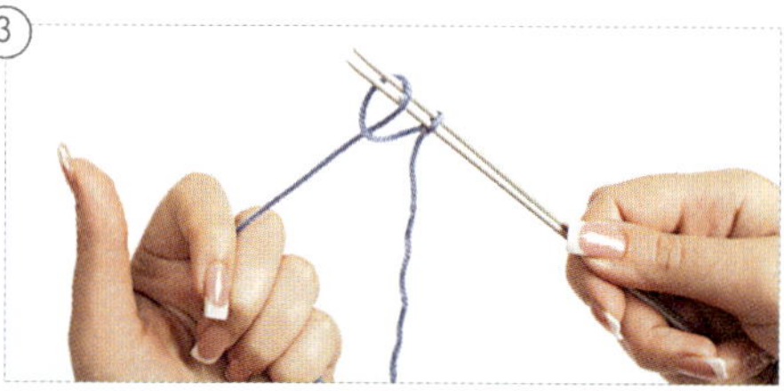

4

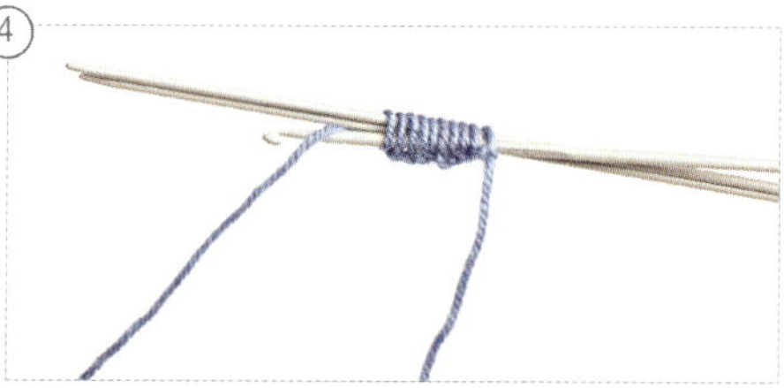

5

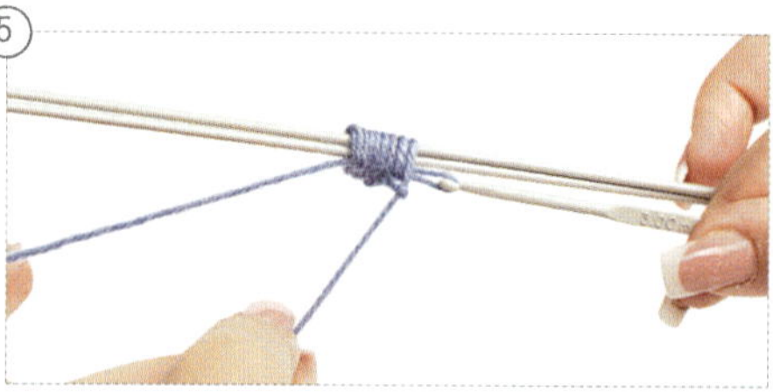

6

Tenez les mailles sur l'aiguille entre le pouce et l'index de la main gauche et glissez le crochet à travers les mailles, en crochetant ainsi toutes les huit mailles.
Faites sortir doucement l'aiguille des mailles et insérez-la dans la première et la dernière maille du feston. Avant de commencer un nouveau feston, prenez l'aiguille et le crochet ensemble.
En tricotant le premier rang en point choisi, il faut ajouter deux mailles (deux jetés) au milieu de chaque feston. Il n'est pas nécessaire d'ajouter des mailles au milieu des très petits festons.

7

8

9

10

# 12E MÉTHODE

Le montage simple. Ce type de montage de mailles convient pour tous les points en relief. Pour obtenir une certaine élasticité, il faut monter les mailles sur deux aiguilles et puis enlever la 2e aiguille. Travaillant avec un gros fil, il faut monter les mailles sur une aiguille.
La longueur de fil laissé avant la première boucle doit représenter 1,5 cm à 2 cm pour chaque maille plus 20 cm d'augmentation. Ne craignez pas de prendre trop de fil, vous pourrez toujours l'utiliser pour l'assemblage de vos modèles.

1

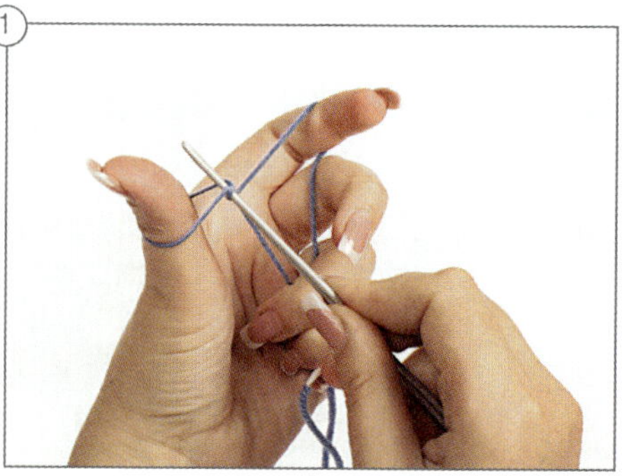

2

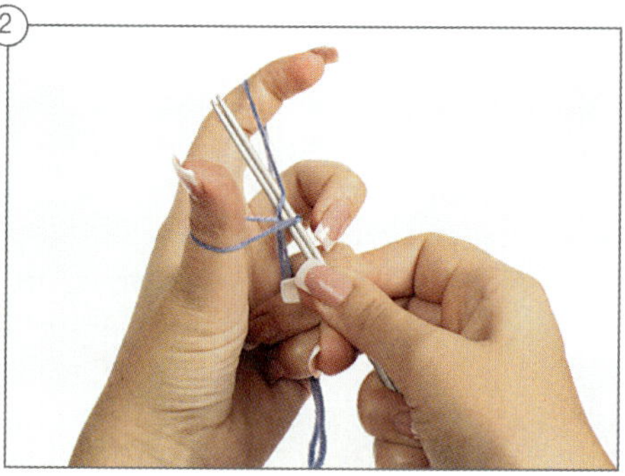

3

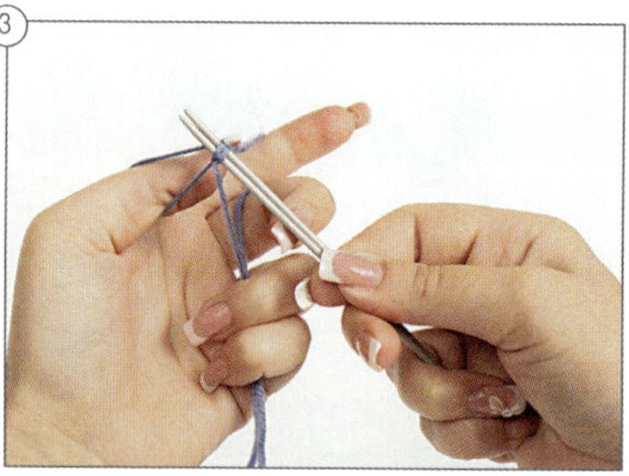

4

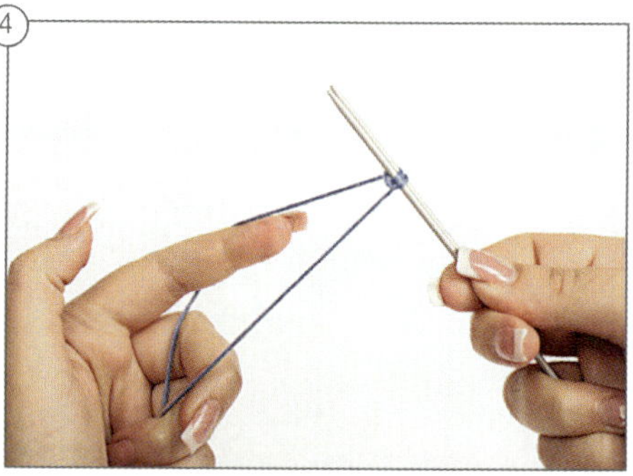

# 13E MÉTHODE

La technique de montage croisé. Si vous souhaitez obtenir une bordure originale et très régulière, vous pouvez utiliser la technique de montage croisé en fil double.
Elle convient très bien pour les modèles dont les premiers rangs sont tricotés en côtes. En fonction du diamètre du fil, on peut réaliser cette technique avec deux aiguilles ou avec une seule. Les bouts libres du fil doivent avoir à peu près la même longueur (voir aussi « le montage simple »).

1

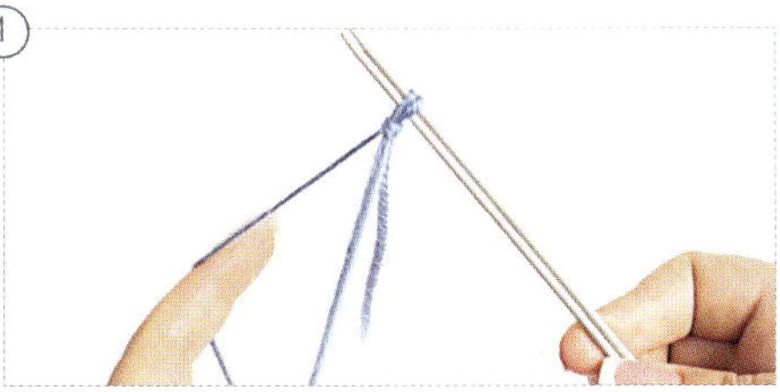

2

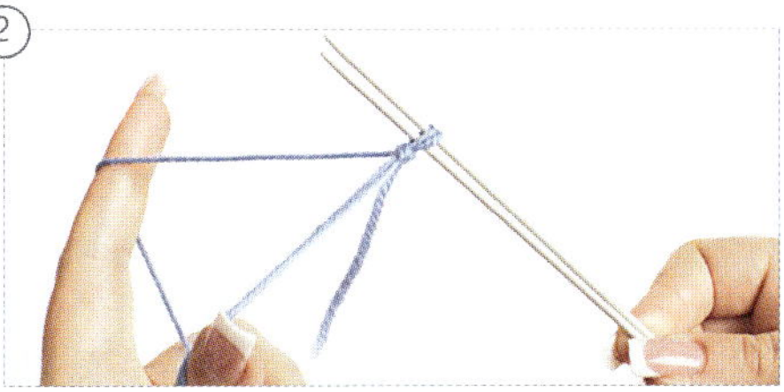

3

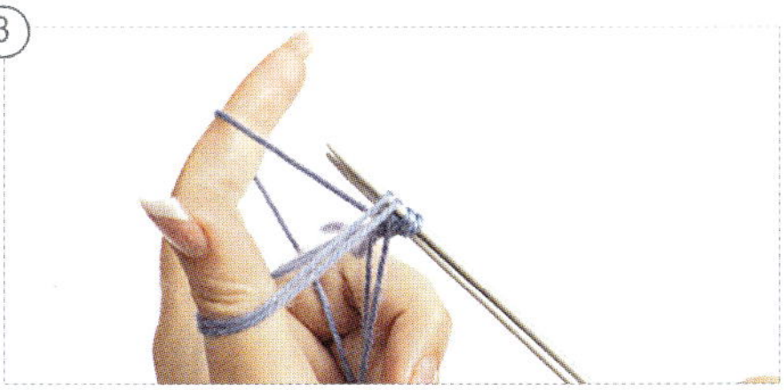

4

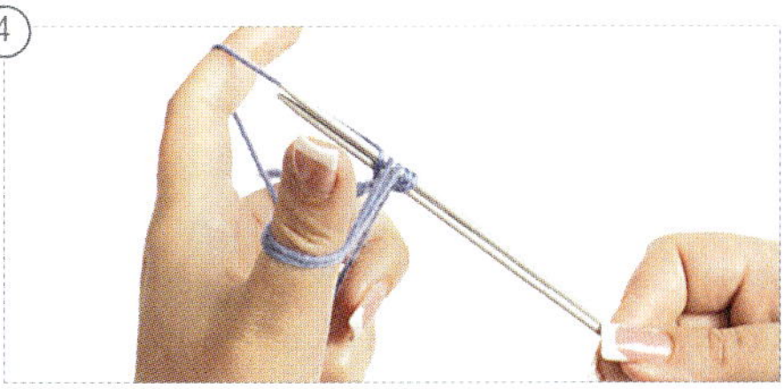

5

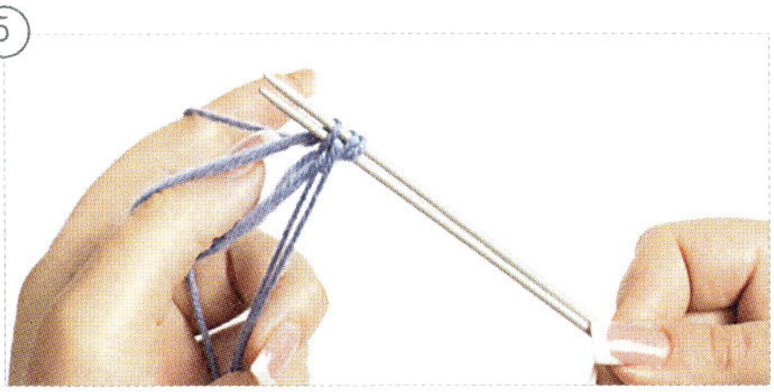

6

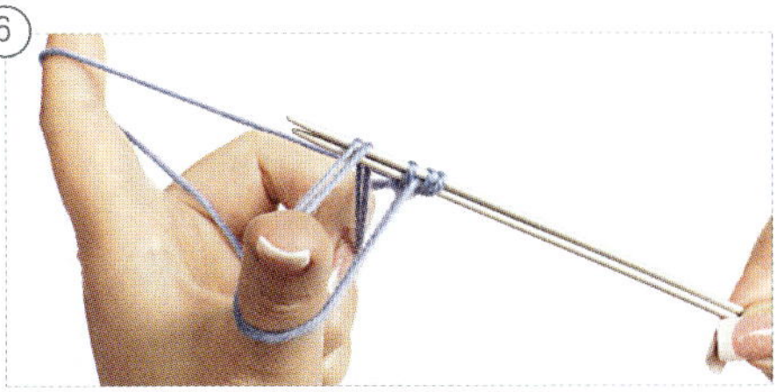

7

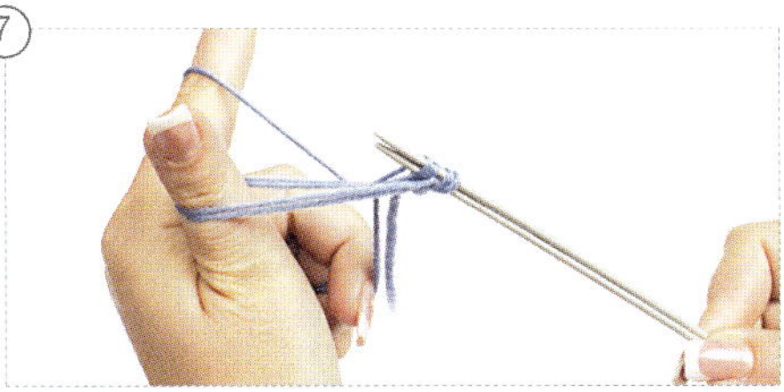

8

# LE MONTAGE DES MAILLES POUR LE TRAVAIL EN ROND

Pour tricoter en rond, on peut utiliser les aiguilles circulaires qui conviennent pour les grands modèles ou les aiguilles à deux pointes qui conviennent pour les petits modèles. Les aiguilles à deux pointes s'utilisent par jeux de 5 aiguilles. Pour tricoter en rond, on monte les mailles sur 4 aiguilles et on travaille avec la cinquième.

Montez le nombre de mailles nécessaire sur 2 aiguilles, libérez la deuxième aiguille du nombre de mailles calculé d'avance (pour repartir les mailles de façon régulière). Continuez ensuite à monter les mailles sur les 3e et 4e aiguilles. Libérez la quatrième aiguille du nombre de mailles nécessaire. Ainsi, la première paire d'aiguilles se trouve dans la main droite et la deuxième dans la main gauche.

Posez les aiguilles avec les mailles de telle manière que les mailles montées se trouvent au-dessus. Pour éviter la formation de trous entre la première et les dernières mailles du rang de base, il faut tricoter les deux premières mailles de la première aiguille avec la quatrième aiguille (voir la photo) avant de commencer à tricoter le premier rang avec la cinquième aiguille. En même temps, il faut faire attention pour ne pas faire des mailles trop lâches en passant d'une aiguille à l'autre.

Tricotez environ 3 rangs en rond et remettez les 2 dernières mailles de la quatrième aiguille sur la première aiguille (le nombre de mailles sur chaque aiguille doit être le même).

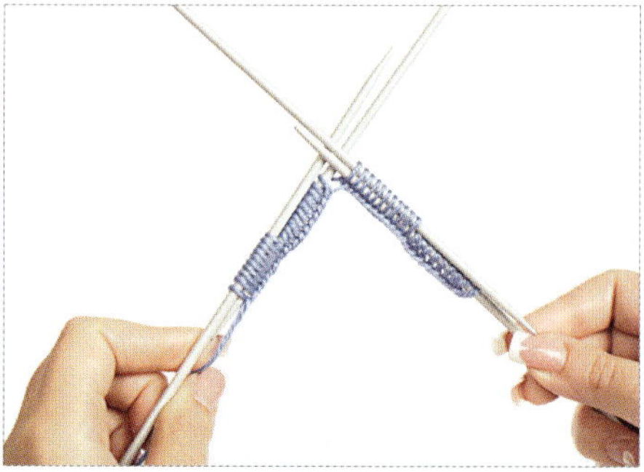

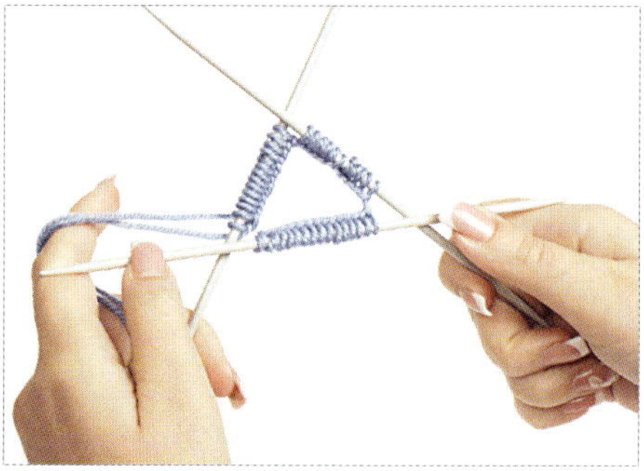

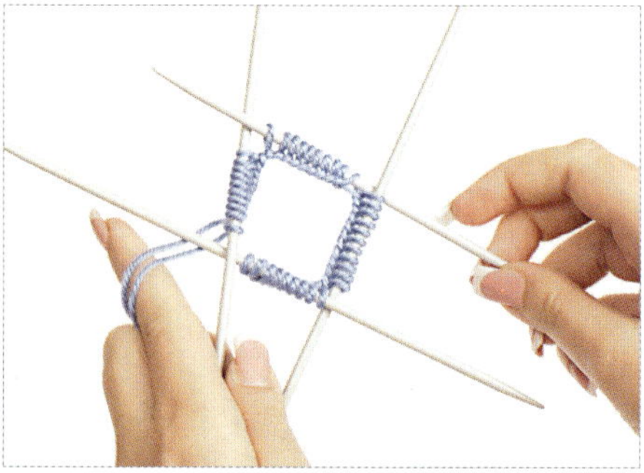

# LES MAILLES DE BASE

Le tricot est constitué des rangs de mailles qui sont assemblées entre elles par le fil passé de l'une à l'autre. Ainsi, la maille est un élément constituant de tout ouvrage tricoté. Dans chaque maille qui se trouve sur l'aiguille, il faut distinguer le brin avant et le brin arrière. Le brin avant, c'est la partie de la maille qui est placée devant l'aiguille, c'est-à-dire du côté de la tricoteuse. Le brin arrière est la partie de la maille placée derrière l'aiguille. Pour tricoter, on utilise parfois le fil horizontal qui relie deux mailles l'une à l'autre.

# LA MAILLE GLISSÉE

Une maille glissée (ou plusieurs) est simplement passée, sans être tricotée, à l'endroit ou à l'envers de l'aiguille gauche sur l'aiguille droite. Pour cela, il faut piquer la pointe de l'aiguille droite au milieu de la maille, la tirer doucement et glisser de l'aiguille. Dans la construction de certains points, il est nécessaire de changer la position du fil de travail avant ou après la maille glissée. Il suffit de glisser le fil entre les deux aiguilles pour qu'il passe devant ou derrière l'ouvrage.
À l'endroit du travail, le fil doit rester derrière l'aiguille, c'est-à-dire derrière la maille glissée ; à l'envers du travail, le fil doit rester devant l'aiguille.
Les mailles glissées peuvent avoir la hauteur de deux, trois ou quatre rangs, elles peuvent aussi avoir une forme spécifique. Elles peuvent également être inclinées à droite ou à gauche.
À l'endroit du travail, le fil doit rester derrière l'aiguille, c'est-à-dire derrière la maille glissée ; à l'envers du travail, le fil doit rester devant l'aiguille.

1

2

Les mailles glissées peuvent avoir la hauteur de deux, trois ou quatre rangs, elles peuvent aussi avoir une forme spécifique. Elles peuvent également être inclinées à droite ou à gauche.

3

4

5

6

7

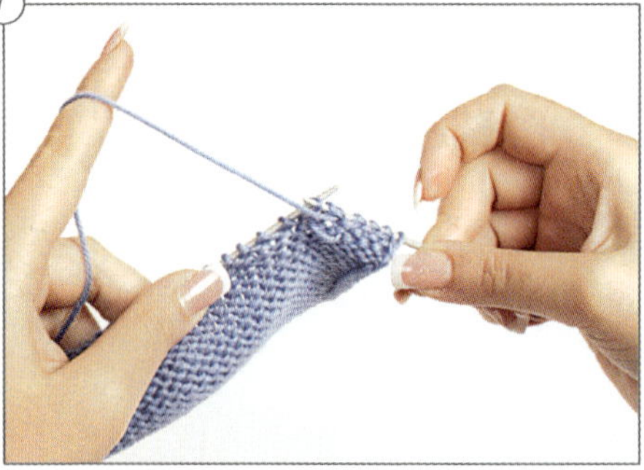

8

# LA MAILLE ALLONGÉE

Passez l'aiguille droite dans la première maille mais enroulez le fil deux ou trois fois autour de l'aiguille (faire deux ou trois jetés), en tournant l'aiguille dans le sens des aiguilles d'une montre. Ensuite, tricotez la maille à l'endroit avec les jetés. Au rang suivant, glissez la maille allongée du rang précédent de l'aiguille gauche sur l'aiguille droite sans la tricoter et laissez tomber les jetés. Glissez le fil de travail entre les deux aiguilles pour qu'il passe devant l'aiguille.
Ensuite, tricotez la maille allongée selon le point utilisé.

1

2

3

4

5

6

# LES MAILLES CROISÉES VERS LA DROITE OU VERS LA GAUCHE

En tricotant les mailles, on peut les incliner vers la droite ou vers la gauche.
Pour tricoter la maille inclinée vers la droite, piquez l'aiguille droite d'abord dans la deuxième maille, tricotez-la à l'endroit, puis tricotez la deuxième maille à l'endroit sans glisser la première. Glissez les mailles tricotées de l'aiguille gauche.
Pour tricoter la maille inclinée vers la gauche, piquez l'aiguille dans la deuxième maille sous le brin arrière et tricotez-la à l'endroit, puis piquez l'aiguille dans la première maille sous le brin arrière et tricotez-la à l'endroit sans glisser la première. Glissez ensuite les deux mailles de l'aiguille gauche.
On peut croiser deux mailles et plus. Pour tricoter deux (ou plus) mailles croisées vers la droite, il faut mettre les deux premières mailles en attente sur l'aiguille auxiliaire, mettez l'aiguille auxiliaire en arrière, tricotez les deux mailles suivantes de l'aiguille gauche, puis les deux mailles de l'aiguille auxiliaire. De la même façon, on tricote deux (ou plus) mailles croisées vers la gauche mais l'aiguille auxiliaire avec les mailles en attente doit rester devant le travail.

1

2

3

# LA MAILLE GLISSÉE À L'ENVERS

Piquez l'aiguille droite sous le fil de travail de droite à gauche, glissez la première maille de l'aiguille gauche sur l'aiguille droite sans la tricoter, puis tricotez la maille suivante selon le point utilisé. On peut glisser la même maille dans les rangs pairs et les rangs impairs jusqu'à quatre fois en fonction du motif utilisé. Pour cela, il faut glisser à l'envers la maille, glissée à l'envers dans le rang précédent, et la tricoter dans le rang suivant sous le brin avant comme maille normale.

1

2

3

4

5

6

7

8

9

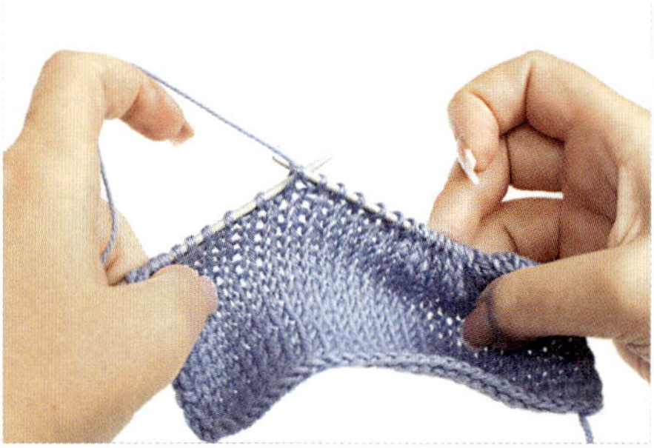

10

11

12

13

14

# LES TORSADES

Glissez 2 ou 3 mailles de l'aiguille gauche sur l'aiguille auxiliaire et laissez-les en attente. Mettez l'aiguille auxiliaire devant le travail, enroulez les mailles avec le fil de travail contre le sens des aiguilles d'une montre et tricotez-les l'une après l'autre selon le point utilisé.

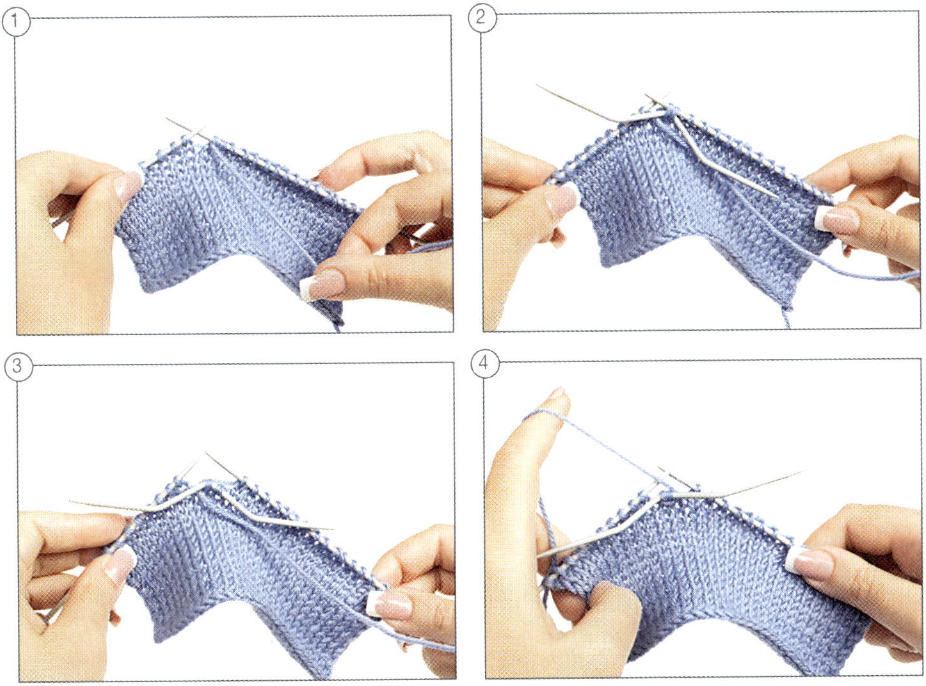

# LES MAILLES ENROULÉES

Piquez l'aiguille droite entre la 3e et la 4e maille, attrapez le fil de travail et tirez une grande boucle, piquez l'aiguille dans la boucle, tirez ensuite la première maille du groupe des mailles enroulées à travers la boucle et remettez-la sur l'aiguille gauche. Tricotez les mailles enroulées selon le point utilisé.

1

2

3

4

5

6

# LES MAILLES LISIÈRES

On appelle mailles lisières la première maille du rang et la dernière maille du rang. Il faut glisser la première maille lisière (au début du rang) sur l'aiguille droite sans la tricoter. Quand on tricote les rayures ou d'autres motifs en couleurs différentes, pour changer les couleurs, on tricote la première maille lisière à l'endroit comme pour fixer le fil de nouvelle couleur sur le bord de l'ouvrage. La dernière maille du rang se tricote à l'endroit ou à l'envers.

1

2

# LA MAILLE À L'ENDROIT

Passez l'aiguille droite devant le brin avant pour piquer de gauche à droite à travers la maille et ressortir la pointe vers l'arrière. Attrapez le fil sur l'index et tirez une boucle.
Glissez la maille qui vient d'être tricotée de l'aiguille gauche sur l'aiguille droite.
De la même façon, on tricote la deuxième maille et toutes les mailles jusqu'à la fin du rang.

1

2

3

4

# LA MAILLE ENDROIT TORSE

Piquez l'aiguille droite dans la maille de l'aiguille gauche de droite à gauche, attrapez le fil de travail derrière l'aiguille et tirez une boucle vers l'avant.

1

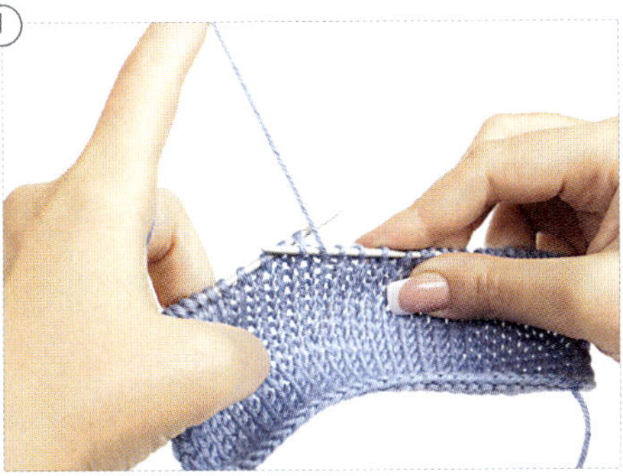

2

3

4

# LA MAILLE À L'ENVERS

Enroulez le fil autour de l'aiguille gauche. Piquez l'aiguille droite sous le fil de travail de droite à gauche, attrapez le fil de travail devant l'aiguille et tirez une boucle vers l'arrière.

1

2

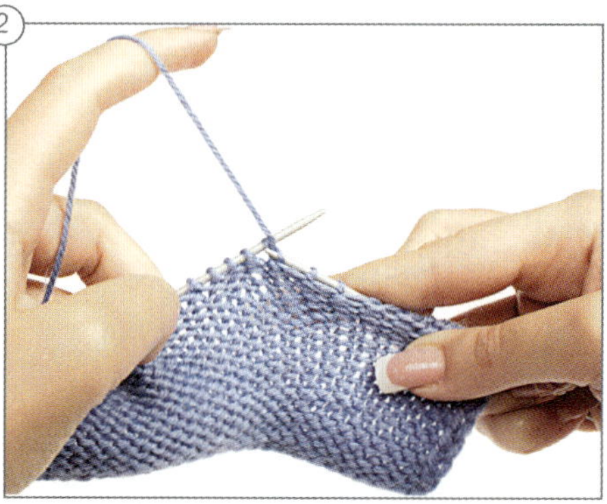

# LA MAILLE ENVERS TORSE

Enroulez le fil autour de l'aiguille gauche. Passez l'aiguille droite sous l'aiguille gauche et, par un mouvement de gauche à droite et de l'arrière vers l'avant à travers la maille, enroulez le fil de travail autour de l'aiguille droite, puis tirez ce fil vers l'arrière, à travers la maille.

1

2

Tricotez la maille à l'endroit sur le fil horizontal reliant deux mailles l'une à l'autre.

3

4

5

6

# LES MAILLES LISIÈRES

Après avoir monté les mailles, enlevez une des aiguilles et prenez-la dans la main droite, prenez l'autre aiguille avec les mailles montées dans la main gauche et commencez à tricoter. Le fil de pelote se trouve sur l'index de la main gauche, il est tenu avec l'aiguille par d'autres doigts de la main gauche. Piquez l'aiguille droite dans la maille à l'extrémité de l'aiguille gauche et tirez-la de droite à gauche pour glisser sur l'aiguille droite sans tricoter. De la même façon, faites glisser la première maille de chaque rang (les mailles lisières). Tous les rangs d'un tricot ont deux mailles lisières qui forment les bords de l'ouvrage. Ainsi, l'apparence des bords varie en fonction de la manière de tricoter les mailles lisières.
Il existe 2 méthodes principales pour tricoter les mailles lisières qui forment selon la méthode utilisée une lisière « chaînette » ou une lisière « perlée ».

1

2

# 1. LA LISIÈRE « CHAÎNETTE »

Elle se réalise en glissant la première maille (le fil devant le travail) et en tricotant la dernière maille à l'endroit. Ainsi, il y a une seule maille lisière pour tous les 2 rangs de l'étoffe tricotée. Ce type de lisière est très répandu et convient pour la plupart des motifs, surtout quand il faut assembler les pièces tricotées par les coutures invisibles.

# 2. LA LISIÈRE « PERLÉE »

Elle se réalise en glissant la première maille (le fil derrière le travail) et en tricotant la dernière maille à l'endroit. Dans ce cas, il y a aussi 1 maille lisière pour tous les 2 rangs de l'étoffe tricotée. La lisière perlée est moins souple que la lisière chaînette. Elle est donc utilisée pour les bords qui restent ouverts et qui ne sont pas destinés à être assemblés, par exemple, pour les bordures de gilets, pour les pattes de boutonnage ou pour les boutonnières verticales. Les deux bords de la même pièce tricotée doivent être réalisés de la même manière, sinon ils seront de longueur différente. Pour certains modèles, on utilise les mailles lisières qui ne sont pas glissées, comme décrit plus haut, mais tricotées (de la même façon des deux côtés).

1

2

3

Dans ces cas, un rang du tricot contient une maille lisière et le bord devient plus souple et plus long que le tricot lui-même. Pour cette raison, il est préférable d'utiliser la méthode avec les mailles lisières glissées.

Les mailles lisières ne comptent pas pour des mailles qui forment le point. Si la description d'un modèle indique qu'il faut monter 20 mailles, cela signifie que deux de ces mailles sont lisières (une de chaque côté) et que les 18 mailles restantes servent à former le point. Voici une autre recommandation : pour que les lisières ne soient pas détendues, serrez au maximum en tricotant la maille lisière au début du rang et serrez les deux mailles suivantes un peu plus fort que d'habitude.

4

5

6

7

# LES DIMINUTIONS

Tricotez deux mailles ensemble à l'endroit.

1

2

3

4

Tricotez deux mailles ensemble à l'envers.

1

2

3

Tricotez deux mailles ensemble à l'endroit et à l'envers.

1

2

3
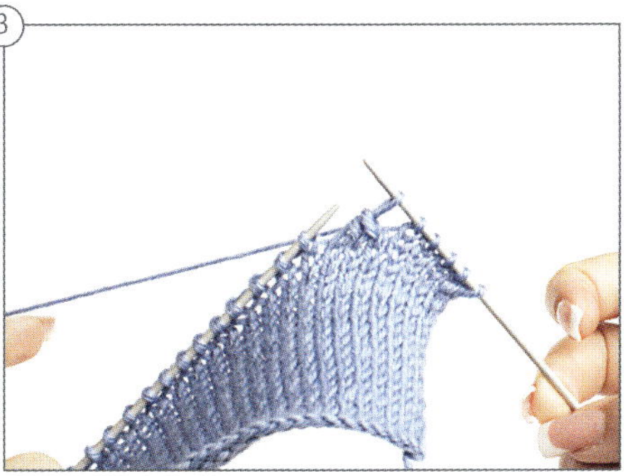

4

5

6

# LES DIMINUTIONS PROGRESSIVES

Pour diminuer progressivement le nombre de mailles, il faut créer un biais. Pour cela, il faut tricoter deux mailles ensemble dans tous les rangs endroits du travail. Il faut le faire en piquant l'aiguille dans le brin arrière des mailles. Sur l'envers du travail, tricotez 2 mailles ensemble au début et à la fin du rang. À la fin du rang, tricotez 2 mailles ensemble à l'envers. En utilisant cette méthode, on peut diminuer 2 mailles dans chaque rang.

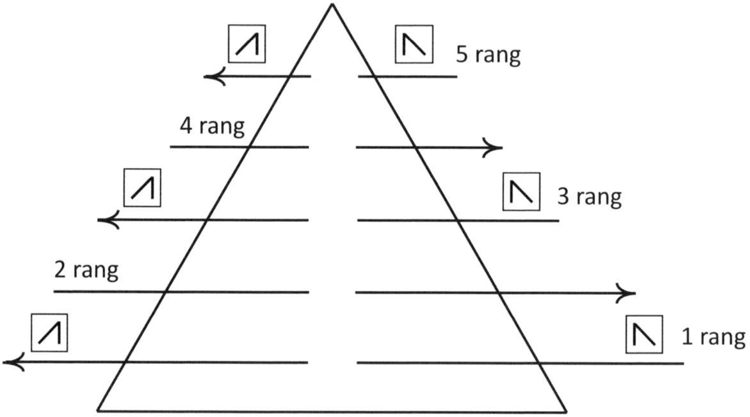

# LES DIMINUTIONS RAPIDES

Pour diminuer rapidement les mailles sans former un biais prononcé, on diminue les mailles tous les deux rangs en procédant de la même façon que dans la méthode décrite plus haut.

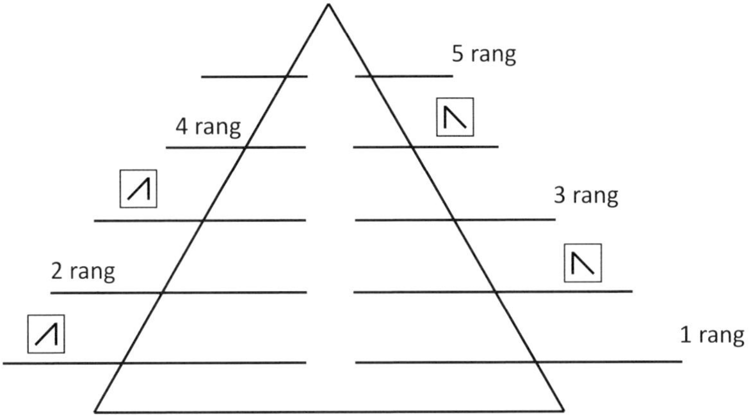


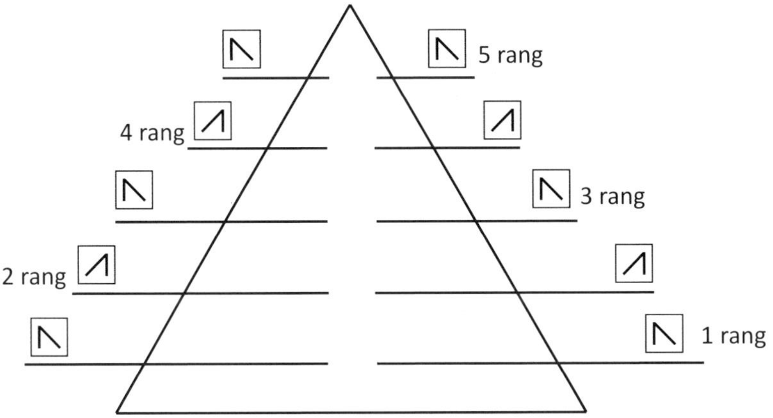

# LA DIMINUTION PAR SURJET

Voici une autre méthode pour faire les diminutions. Glissez la première maille de l'aiguille gauche sur l'aiguille droite comme pour la tricoter à l'endroit mais sans la tricoter. Tricotez à l'endroit la deuxième maille se trouvant sur l'aiguille gauche, puis piquez l'aiguille gauche dans la maille glissée et faites-la passer par-dessus la maille tricotée. Cette technique permet d'obtenir une diminution inclinée vers la gauche.

1

2

3

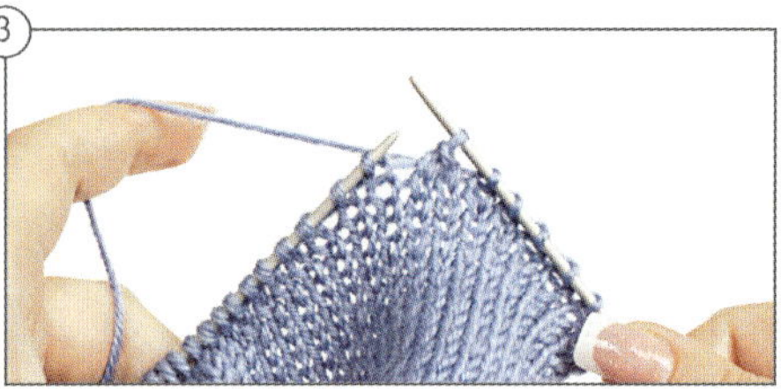

4

5

6

7

8

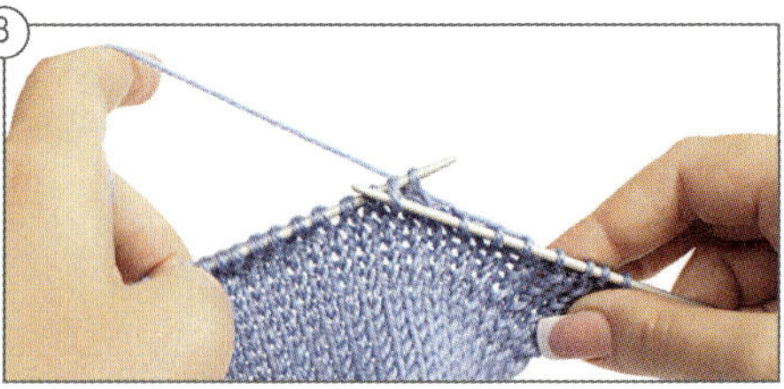

9

10

11

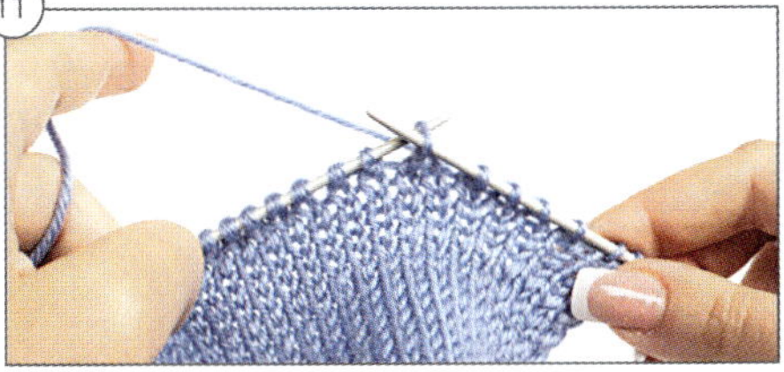

12

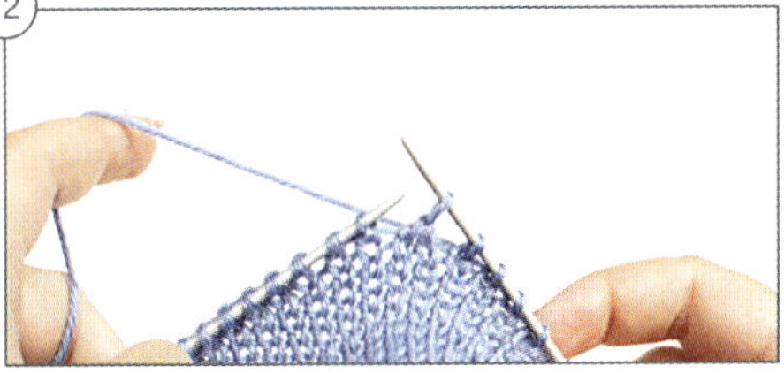

13

14

15

# LA DIMINUTION GLISSÉE

Pour obtenir une diminution inclinée vers la gauche, on peut aussi tricoter deux mailles ensemble dans le brin avant. Piquez la pointe de l'aiguille droite dans les deux mailles de l'aiguille gauche et tricotez-les ensemble à l'endroit.

1

2

3

4

# LA DIMINUTION DOUBLE PAR SURJET

Pour tricoter ensemble 3 mailles avec la technique de diminution par surjet, glissez la 1re maille de l'aiguille gauche sur l'aiguille droite comme pour la tricoter à l'endroit, puis tricotez les deux mailles suivantes ensemble en piquant l'aiguille dans le brin avant. Ensuite, piquez l'aiguille gauche dans la première maille glissée et faites-la passer par-dessus la deuxième maille. Cela permet de diminuer 2 mailles en une seule fois.

1

2

3

4

5

6

# LES AUGMENTATIONS

## L'AUGMENTATION INTERCALAIRE

Pour faire les augmentations, on peut utiliser la technique qui permet d'ajouter les mailles au milieu des rangs. L'augmentation intercalaire consiste à créer une nouvelle maille entre deux mailles existantes. Tricotez jusqu'aux mailles où on veut faire une augmentation, passez l'aiguille sous le fil reliant deux mailles, attrapez le fil de travail et tirez une nouvelle maille. Cette technique d'augmentation permet de créer un jour décoratif mais elle n'est pas très répandue.

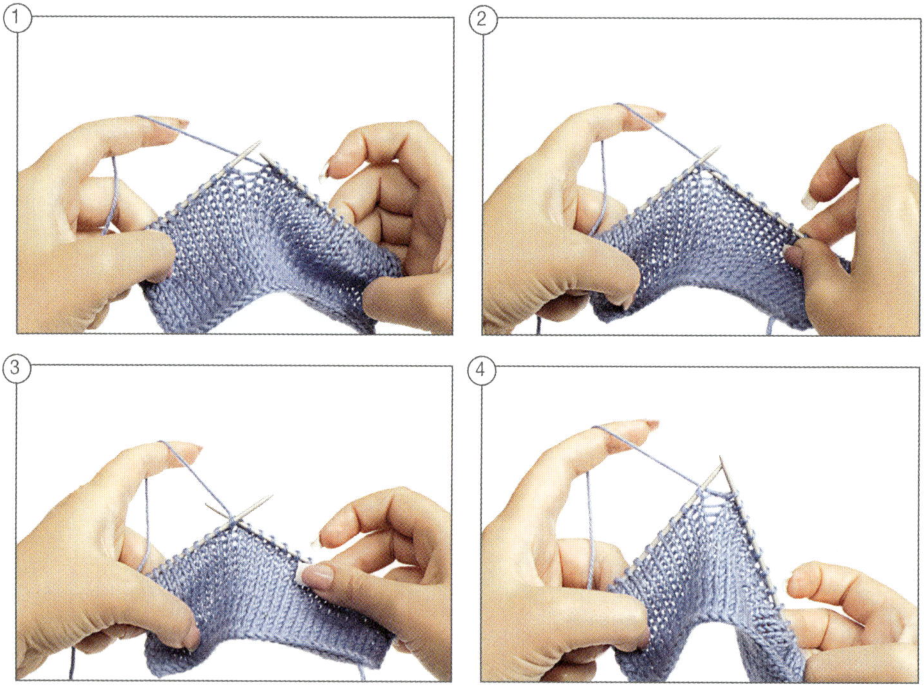

## L'AUGMENTATION BARRÉE

Cette technique permet d'ajouter une maille sur la lisière de l'ouvrage et elle est plus pratique à travailler. Elle peut s'utiliser sur toutes les mailles lisières au début ou à la fin des rangs.

Glissez la maille lisière, passez l'aiguille droite sous le fil reliant la maille lisière et la maille suivante, attrapez le fil de travail et tirez une nouvelle maille.

1

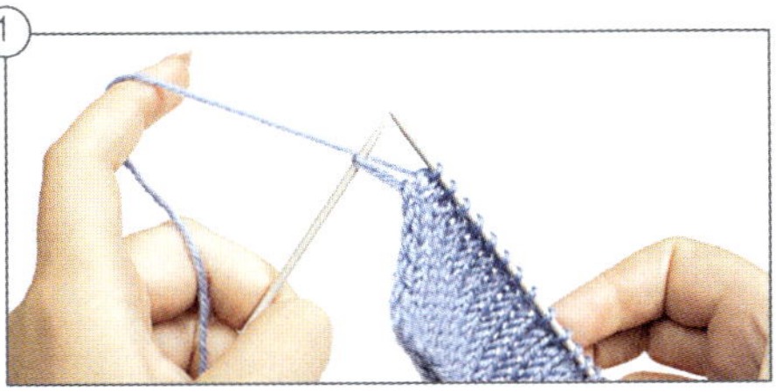

2

3

4

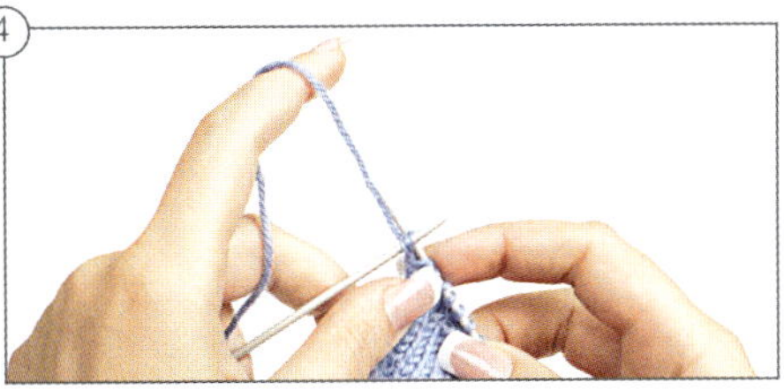

5

6

# LES MAILLES EN L'AIR

Pour faire les augmentations, on peut utiliser également les mailles en l'air. Enroulez le fil de pelote autour de l'aiguille, faites un nœud et tirez sur le fil pour resserrer la maille. Montez de la même façon le nombre de mailles nécessaires.

Cette technique permet de faire des augmentations multiples, par exemple, pour les boutonnières et les poches, ainsi que pour la mise en forme des manches kimono, des moufles ou des gants. Les mailles en l'air ne convient pas très bien pour le montage du rang de base car elles ne sont pas suffisamment solides.

1

2

3

4

# LES AUGMENTATIONS AVEC LES MAILLES DU RANG PRÉCÉDENT

Cette technique est utilisée pour ajouter des mailles au milieu du rang. Elle peut également être utile pour créer une étoffe texturée.

1

2

3

4

# COMMENT FAIRE LES JETÉS

Mis à part des mailles à l'endroit et des mailles à l'envers, il existe aussi des jetés qu'on utilise souvent dans les points ajourés. Les jetés servent à ajouter des mailles en créant délibérément des trous qui donnent au tricot l'aspect aéré. Il existe deux méthodes pour faire les jetés.

**PREMIÈRE MÉTHODE**

Piquez la pointe de l'aiguille sous le fil de travail de droite à gauche et vers l'avant et faire un jeté. On obtient ainsi une maille supplémentaire. Sur l'envers du travail il faut tricoter ce jeté avec la maille à l'envers. On obtient un trou, puisque cette maille ne fait pas partie des mailles du point.

**DEUXIÈME MÉTHODE**

Enroulez le fil autour de l'aiguille de gauche à droite et vers l'arrière du travail, tricotez la maille suivante. Dans ce cas, il n'y a pas de trou sur l'envers du travail. En tricotant le jeté sur l'endroit, on augmente le nombre de mailles dans le rang.

# UTILISATION DES JETÉS DANS LES POINTS

Dans certains points, les jetés sont utilisés pour créer des formes volumineuses et non pour former des trous comme dans le point ajouré. Les jetés augmentent le nombre de mailles. En fonction du point choisi, les jetés se tricotent ensemble avec une des mailles dans les rangs suivants (1$^{er}$, 2$^{e}$, etc.). Ainsi, on rétablit le nombre de mailles et on augmente l'épaisseur du tricot. Ces points se tricotent sur deux côtés. Les dessins de l'endroit et de l'envers du travail peuvent être différents.

1

2

3

4

# LES TECHNIQUES

## LA RÉALISATION DES BOUTONNIÈRES

Une boutonnière est un élément important des vêtements tricotés. Certaines publications n'accordent pas d'attention à la description des techniques de leur réalisation. Cependant, l'apparence d'un vêtement tricoté dépend souvent du soin apporté à la confection des boutonnières. Les boutonnières peuvent être horizontales, verticales ou rondes (les petits trous ronds pour les petits boutons).
Dans le cas où le vêtement est réalisé en point ajouré et à condition que le bouton passe facilement par un trou du motif tricoté, on peut se passer de ce travail minutieux de réalisation des boutonnières.
En tricotant les boutonnières, il faut tenir compte du fait qu'elles se détendent et s'agrandissent avec le temps. Pour cette raison, la boutonnière tricotée doit être deux fois plus petite que le diamètre du bouton choisi (pour les modèles de couture c'est tout le contraire : la boutonnière doit être 3 mm plus longue que le diamètre du bouton).

Pour les modèles à un rang de boutons, ceux-ci doivent être disposés en une ligne au milieu du devant. Pour les modèles à deux rangs de boutons, ceux-ci se placent en deux lignes symétriques par rapport au milieu du devant.
L'endroit pour une boutonnière horizontale doit être choisi de telle manière que le bouton ne dépasse pas le bord de la patte de boutonnage.
Pour cela, le milieu de la boutonnière ne doit pas se trouver sur le milieu du devant.
Il doit être décalé vers le côté opposé au bord de la patte de boutonnage. En ce qui concerne les boutonnières verticales, elles doivent être disposées sur la ligne du milieu du devant. Il existe plusieurs méthodes pour tricoter les boutonnières horizontales.

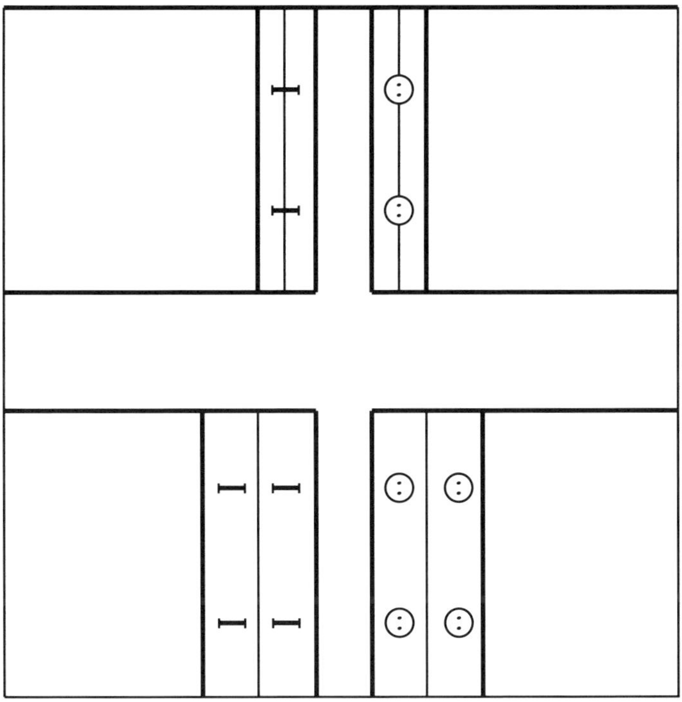

## PREMIÈRE MÉTHODE DE RÉALISATION DES BOUTONNIÈRES HORIZONTALES

Pour donner un exemple, nous vous proposons de tricoter une partie du devant droit (modèle à un rang de boutons). Montez 20 mailles : 10 mailles pour la patte de boutonnage et 10 mailles pour le devant. Tricotez ensuite 2 cm à 3 cm : la patte de boutonnage se tricote en point mousse et le devant en jersey. Marquez sur le devant la ligne du milieu. Faites ensuite une fente horizontale d'une largeur de 4 mailles, en la décalant d'une maille à gauche par rapport au milieu du devant.

Pour cela, tricotez 4 mailles à l'endroit au début du rang endroit, après la maille lisière. Rabattez les 4 mailles suivantes, tricotez une maille à l'endroit pour terminer la patte de boutonnage et tricotez ensuite les mailles du devant. Tournez le travail. Tricotez le rang envers jusqu'à la fente, montez sur l'aiguille 4 mailles en l'air, c'est-à-dire le même nombre que le nombre de mailles rabattues. Tricotez jusqu'à la fin du rang.

La boutonnière est terminée. Elle est réalisée entre deux rangs : un rang endroit et un rang envers. Dans le rang suivant, il faut tricoter les mailles en l'air à l'endroit, en piquant l'aiguille dans le brin arrière. Ainsi, la boutonnière sera moins détendue.

Tricotez encore quelques rangs. Maintenant, nous vous proposons d'essayer la deuxième méthode de réalisation des boutonnières horizontales.

## DEUXIÈME MÉTHODE DE RÉALISATION DES BOUTONNIÈRES HORIZONTALES

Selon cette méthode, on tricote la boutonnière sur un seul rang. Ainsi, la boutonnière sera plus étroite que dans le cas décrit plus haut. En travaillant sur le côté endroit du travail, glissez la maille lisière au début du rang et tricotez ensuite 3 mailles à l'endroit. Rabattez 4 mailles sans fil de travail, en les passant l'une par l'autre. Dans ce cas, le fil de travail restera au début de la fente de la boutonnière.

Pour rabattre les mailles sans fil de travail, il faut glisser les 2 premières mailles sur l'aiguille droite et mettre la 1re maille sur la 2e à l'aide de l'aiguille gauche (la 2e maille restera sur l'aiguille droite). Glissez la 3e maille sur l'aiguille droite et mettez la 2e maille sur la 3e. Glissez ensuite la 4e maille et mettez la 3e maille sur la 4e, etc.

Glissez sur l'aiguille gauche la dernière maille qui reste sur l'aiguille droite après cette opération. On obtient ainsi une fente horizontale d'une largeur de 4 mailles.

Maintenant, il faut monter le même nombre de mailles en l'air sur l'aiguille droite. Tricotez ensuite 2 mailles à l'endroit pour terminer la patte de boutonnage et toutes les mailles du devant. Dans le rang suivant, les mailles en l'air se tricotent avec les mailles à l'endroit piquées dans le brin arrière. La boutonnière est terminée.

Continuez à tricoter et faites encore quelques rangs pour essayer de réaliser les boutonnières verticales sur la même étoffe.

## LES BOUTONNIÈRES VERTICALES

Il existe deux méthodes pour tricoter les boutonnières verticales : avec une nouvelle pelote de fil ou sans nouvelle pelote. Dans les deux cas, la boutonnière doit être tricotée sur la ligne du milieu du devant. Pour donner un exemple, nous vous proposons de tricoter une boutonnière d'une hauteur de 4 rangs.

## PREMIÈRE MÉTHODE DE RÉALISATION DES BOUTONNIÈRES VERTICALES

Cette méthode convient pour les modèles avec les pattes de boutonnage tricotées ensemble avec le devant.

1

2

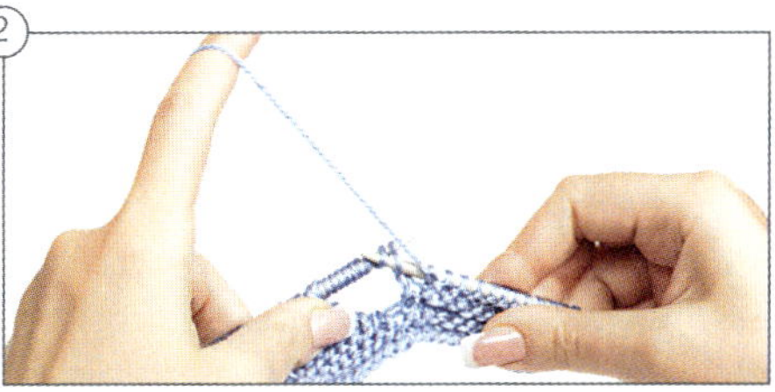

3

4

5

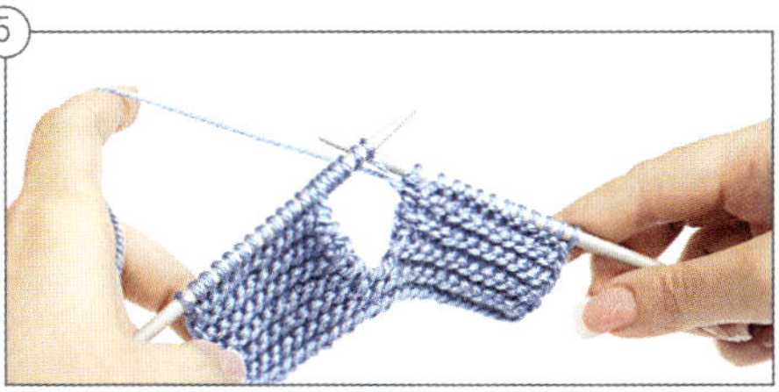

6

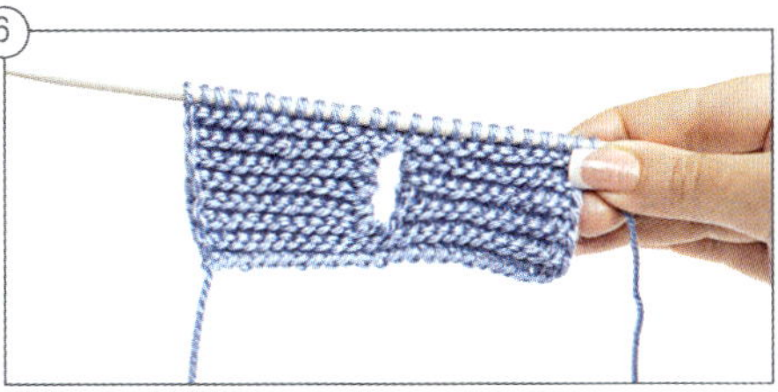

Sur le côté endroit du travail, tricotez la partie droite de la patte de boutonnage. Glissez les mailles tricotées sur l'arrêt-de-mailles. Tricotez sur les mailles restantes encore six rangs ou plus (on doit avoir 2 rangs de plus par rapport à la hauteur de la boutonnière), en faisant les mailles lisières du côté de l'ouverture pour la boutonnière. À la fin du 6e rang, le fil de travail doit rester du côté de l'ouverture.

Maintenant, glissez les mailles laissées en attente sur l'aiguille auxiliaire et introduisez dans le travail, du côté de l'ouverture, le fil d'une nouvelle pelote. Tricotez avec le nouveau fil 4 rangs (2 rangs en moins par rapport au nombre de rangs tricotés avec le fil de travail).

Coupez le nouveau fil, en laissant un bout de 4 cm à 5 cm de long (il doit rester du côté de l'ouverture). Assembler les deux parties de la patte de boutonnage. Pour cela, tricotez les mailles de l'aiguille auxiliaire avec le fil de travail. Ainsi, on a terminé la boutonnière verticale d'une hauteur de 4 rangs. Tricotez encore quelques rangs, prenez le crochet et rentrez les fils restant après la réalisation de la boutonnière verticale. Le travail est terminé.

## DEUXIÈME MÉTHODE DE RÉALISATION DES BOUTONNIÈRES VERTICALES

Il existe une autre méthode de réalisation des boutonnières verticales. Pour donner un exemple, nous vous proposons de tricoter une boutonnière d'une hauteur de 7 rangs.

Sur le côté endroit du travail, tricotez la partie droite de la patte de boutonnage. Glissez les mailles tricotées sur l'aiguille auxiliaire. Après cela, tricotez sur les mailles restantes pendant encore huit rangs. Il faut tricoter 1 rang de plus par rapport à la hauteur de la boutonnière. Dans notre exemple, elle doit correspondre à 7 rangs.

Après avoir terminé le travail, il faut laisser le fil du côté de l'ouverture. Enroulez le fil autour de la pointe de l'aiguille droite contre le sens des aiguilles d'une montre. Le nombre de boucles (ce ne sont pas les mailles en l'air) doit correspondre au nombre de rangs qui constituent la largeur de la boutonnière.

Avec la même aiguille, tricotez à l'endroit les mailles qui sont restées en attente sur l'aiguille auxiliaire. Maintenant, les deux parties de la patte de boutonnage se trouvent sur la même aiguille et sont séparées par les boucles.

Il faut d'abord tricoter les mailles de la partie droite de la patte de boutonnage. Terminez le rang jusqu'à l'ouverture, tricotez ensemble à l'endroit la dernière maille et une boucle, en piquant dans le brin arrière.

Tournez le travail, glissez la première maille (en laissant le fil derrière le travail) et terminez le rang. À la fin du rang suivant, tricotez de nouveau ensemble une maille et une boucle. Continuez ainsi pour tricoter toutes les boucles. Après avoir tricoté la dernière boucle, continuez à tricoter le rang (c'est le rang endroit) jusqu'à la fin.

# LA BOUTONNIÈRE RONDE

Elle est très facile à réaliser. Première méthode :

## AVEC 1 JETÉ

Cette méthode permet de réaliser les boutonnières pour de très petits boutons. Sur la patte de boutonnage tricotée en côtes 1/1, trouvez la position pour la boutonnière, faites un jeté avant la maille à l'envers, puis tricotez ensemble à l'endroit la maille envers suivante et la maille endroit. Dans le rang suivant, tricotez le jeté à l'endroit.

## AVEC 2 JETÉS

Cette méthode convient pour les pattes de boutonnage, tricotées en côtes 2/2. Trouvez la position pour la boutonnière sur la patte de boutonnage et tricotez ensemble une maille à l'endroit et une maille à l'envers (1re maille de la ligne à l'envers) en leur donnant une inclinaison à gauche. Faites 2 jetés. Tricotez ensemble à l'endroit la 2e maille à l'envers et la maille à l'endroit suivante. Dans le rang envers suivant, tricotez le 1er jeté à l'endroit et le 2e jeté avec une maille endroit croisée.

## LES CONSEILS PRATIQUES POUR LA RÉALISATION DES BOUTONNIÈRES

N'oubliez pas : le milieu de la patte de boutonnage doit se trouver au milieu du devant (pour n'importe quelle largeur de la patte de boutonnage).
La largeur de la patte de boutonnage peut varier de 1,5 cm à 6 cm pour les modèles à un rang de boutons et dépasse de 6 cm pour les modèles à deux rangs de boutons. La distance entre les grands boutons (de 3,5 cm à 5 cm de diamètre) sur la patte de boutonnage ne doit pas être inférieure à 15 cm.
Pour répartir les boutons sur la patte de boutonnage, on peut commencer par placer le premier au niveau de la taille ou un peu plus haut (pour les modèles à ceinture) et placer ensuite les autres boutons par rapport au premier.
Pour les modèles avec une petite encolure, on trouve d'abord l'endroit pour le bouton du haut : la partie supérieure de ce bouton doit se situer au moins à 1,5 cm du bord supérieur de la patte de boutonnage.
Il est recommandé de surfiler les boutonnières pour les grands boutons. Si la boutonnière est réalisée avec une nouvelle pelote de fil, il est plus pratique de la surfiler en utilisant les bouts de fil de cette pelote. Dans ce cas, il faut bien sûr prévoir une longueur de fil suffisante.
Pour coudre les boutons sur un modèle tricoté en gros fil, éloignez le bouton du tissu et enroulez le fil autour pour former la tige. Sinon, les boutons seront enfoncés dans la patte de boutonnage.

## POUR LES PATTES DE BOUTONNAGE EN DOUBLE ÉPAISSEUR

On fait les ouvertures dans le tricot à l'aide de mailles rabattues. Les distances entre la ligne de pliure de la patte de boutonnage et les deux rangs de boutonnières doivent être pareils. Après l'assemblage de la patte de boutonnage, les ouvertures pour les boutonnières doivent correspondre. Il ne faut pas oublier de les surfiler.

## LA RÉALISATION DES POCHES FENDUES EN BIAIS

Il existe deux méthodes pour la finition des poches fendues en biais. On peut faire la poche fendue avec bordure ou avec fermeture zippée qui permet de dissimuler la poche pour qu'elle soit moins visible sur le vêtement.

## LES POCHES FENDUES EN BIAIS AVEC LA BORDURE

En réalisant une poche (dans cet exemple, c'est la poche du devant gauche d'un gilet), on tricote le fond de poche en même temps que la bordure. Sur le schéma, il est représenté par la ligne en pointillé. La bordure se tricote en côtes. Elle est tricotée à la fin du travail.

Pour réaliser la fente de poche, tricotez le rang endroit jusqu'à l'emplacement prévu pour la poche. Divisez le travail et continuez à tricoter avec deux pelotes différentes. Tricotez deux bordures en même temps, un rang après l'autre. Dans ce cas, il n'est pas nécessaire de compter les rangs. Sinon, on peut tricoter séparément, mais en comptant le nombre de rangs qui doit être le même.

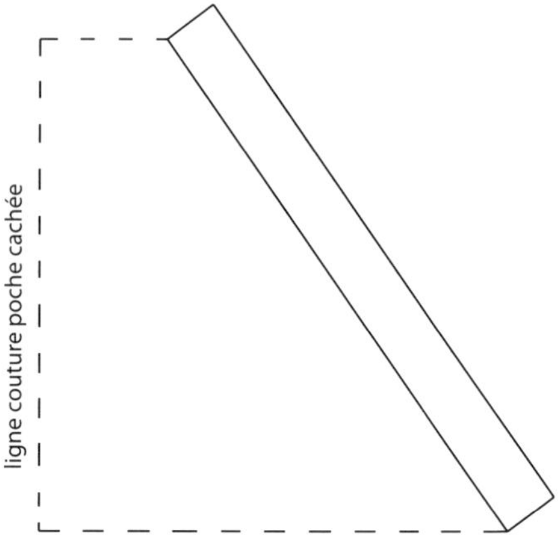


Dès le début du travail avec deux parties différentes, montez les mailles pour le fond de poche sur les mailles de la bordure de droite. Tricotez le fond de poche avec le bord droit. Dans tous les rangs endroits du bord gauche du devant, tricotez les deux premières mailles ensemble en leur donnant une inclinaison à gauche pour former le biais de la poche.

Après avoir tricoté le fond de poche jusqu'à la longueur souhaitée, rabattez les mailles du fond de poche dans le rang envers du côté gauche de la partie droite de la bordure. Le nombre total de mailles restantes doit être égal au nombre de mailles initial (avant la division du tricot en deux parties). Continuez à tricoter toutes les mailles.

Pour réaliser la bordure de l'ouverture de poche, montez les mailles et tricotez un rang envers : une maille lisière, *2 mailles à l'envers, 2 mailles à l'endroit* ; répétez à partir de * et terminez par 2 mailles à l'envers, une maille lisière.
Dans les rangs suivants, tricotez selon le point. Tricotez la bordure de 2 à 3 cm de large et rabattez les mailles. Cousez la bordure sur le vêtement, en utilisant la couture invisible.
Épinglez le fond de poche et cousez-le par le point surfilé. La photo représente le fond de poche cousu sur le devant sur le côté envers du travail. De la même façon, on peut tricoter la deuxième poche sur le devant droit.

**LA RÉALISATION DES POCHES FENDUES EN BIAIS AVEC FERMETURE ÉCLAIR**

Pour réaliser ce type de poches, on tricote le fond de poche séparément et on le fixe ensuite sur le vêtement.
Pour faire l'ouverture de poche, tricotez le rang endroit jusqu'à l'emplacement prévu pour la poche et rabattez les mailles. La longueur de la poche doit être égale à la longueur de la partie dentelée de la fermeture éclair et non à toute sa longueur. Tricotez les deux parties du devant séparément, en utilisant deux pelotes de fil.
Le plus pratique, c'est de tricoter les deux parties en même temps, un rang après l'autre. Dans ce cas, il n'est pas nécessaire de compter les rangs. Car il ne faut pas oublier que le nombre de rangs doit être le même.

Pour faire l'ouverture en biais, tricotez ainsi tous les rangs endroits : dans la dernière maille du côté intérieur de la partie droite du devant, tricotez une maille à l'endroit et une maille endroit croisée, du côté intérieur de la partie gauche du devant, tricotez les deux premières mailles ensemble en leur donnant une inclinaison à gauche.
Terminez l'ouverture de poche et continuez à tricoter sur les mailles de deux parties du devant. Dans le premier rang interrompu, montez les nouvelles mailles pour remplacer les mailles rabattues. Ensuite, tricotez le fond de poche représenté sur le schéma par la ligne en pointillé.
Montez le nombre de mailles correspondant à la profondeur voulue de la poche et tricotez avec le même point que pour le gilet. Tricotez 1 cm

à partir du rang de base, faites les diminutions du côté droit de la même façon que pour l'ouverture de poche en biais. Tricotez encore 1 cm et rabattez les mailles.
Il ne faut pas oublier que le fond de poche doit être 2 cm plus long que l'ouverture de poche pour qu'on y puisse dissimuler les bouts de la fermeture éclair.
Crochetez un rang de mailles serrées autour des bords de l'ouverture de poche. Posez la fermeture et épinglez-la. Prenez le fil à coudre de couleur correspondante et cousez la fermeture sur le gilet à la machine ou à la main, en utilisant le point droit.
Posez le fond de poche endroit contre l'envers du devant et cousez d'abord le bord en biais sur le ruban de la fermeture éclair. Cousez ensuite d'autres bords du fond de poche sur le devant, en utilisant le point surfilé.

## LA POCHE FENDUE HORIZONTALEMENT

Les poches fendues peuvent être horizontales, verticales ou en biais. L'ouverture de poche se tricote en même temps que le devant. Il est donc très important de trouver la bonne position de la poche ainsi que ses dimensions, sinon on sera obligé de détricoter et de refaire toute la pièce.
Il existe plusieurs méthodes pour réaliser les poches fendues horizontalement. Le choix de la bonne méthode dépend du point utilisé pour le tricot. Ainsi, les poches seront faites de manière différente sur le tricot en jersey et sur le tricot réalisé en point fantaisie.

### LA PREMIÈRE MÉTHODE DE RÉALISATION DES POCHES FENDUES HORIZONTALEMENT

Cette première méthode convient pour les modèles tricotés en jersey. Trouvez sur le patron l'emplacement de la fente pour la poche. Tricotez la pièce en jersey jusqu'au début de l'ouverture. Laissez le fil en attente.
Maintenant, il faut prendre le fil d'une nouvelle pelote et tricoter le nombre de mailles correspondant à la longueur souhaitée de l'ouverture de poche.
Reprenez le fil principal et terminez de tricoter le devant.
Ainsi, on obtient la fente de la poche, dont les mailles sont fixées par le fil complémentaire de la deuxième pelote.
Après le repassage, faites la finition de la fente de poche.
Avec précaution, enlevez le fil qui fixe les mailles de la fente. On obtient ainsi un bord avec les mailles ouvertes.
Insérez l'aiguille auxiliaire dans le rang du bas de la fente, mettez les mailles du rang du haut sur l'aiguille de même diamètre. Dans le rang du haut, ajoutez une maille en l'air sur les deux extrémités, tricotez ensuite le fond de poche en jersey, en descendant du haut vers le bas.

La longueur du fond de poche doit arriver au bas du devant ou être de 2 à 3 cm plus haut. Repassez le fond de poche et cousez-le sur l'envers du travail, en utilisant le point de surjet.

Après cela, revenez sur les mailles du bas de la fente, tricotez une bordure de la poche en point choisi, par exemple, en côtes, et cousez les parties latérales sur le devant.

## LA DEUXIÈME MÉTHODE DE RÉALISATION DES POCHES FENDUES HORIZONTALEMENT

La deuxième méthode de réalisation des poches fendues est utile si vous tricotez en d'autres types de points et non en jersey.

Pour commencer, il faut trouver sur le patron les positions de la fente et de la bordure de la poche.

Tricotez le devant jusqu'au début de l'ouverture de poche, glissez de l'aiguille le nombre de mailles nécessaire pour former la fente d'une longueur souhaitée. La fente de l'ouverture de poche doit se trouver entre les mailles du devant réparties sur deux aiguilles.

Pour que les mailles ne se détricotent pas, il faut les fixer sur les épingles à nourrice ou sur l'arrêt-de-mailles.

Retournez le travail et marquez la largeur du fond de poche sur le côté envers. Cette largeur doit être égale à la largeur de la poche. Prenez le fil d'une nouvelle pelote et montez sur les mailles du bas de la bordure les mailles pour le fond de poche.

Tricotez le fond de poche en jersey jusqu'au bas de la bordure (on peut s'arrêter à 2 ou 3 cm), tricotez ensuite en point choisi jusqu'à l'endroit où on a arrêté le travail. L'endroit du fond de poche doit se trouver contre l'envers du devant.

Terminez le devant et cousez dessus les parties latérales du fond de poche. La poche est terminée. Le motif du fond de poche doit s'insérer parfaitement dans le motif du devant.

Mais il existe une autre manière de tricoter le fond de poche.

Prenez les aiguilles auxiliaires et montez le nombre de mailles correspondant à la longueur souhaitée de l'ouverture de poche. Tricotez 2 à 3 rangs de mailles à l'endroit, puis coupez le fil.

Prenez le fil principal, tricotez le fond de poche jusqu'à la hauteur de la poche et joignez-le au tricot (les mailles de la fente devraient déjà être rabattues). Après cela, il reste à tricoter le motif du devant jusqu'au début de la fente et à continuer avec la même aiguille pour tricoter le fond de poche.

Terminez le travail : enlevez le fil complémentaire et détricotez un rang de mailles tout en bas. Cousez les mailles ouvertes du bas du fond de poche sur le devant.

# COMMENT RÉALISER LES PATRONS

Très souvent, après avoir choisi le modèle, nous ne savons pas comment trouver le patron qui convient à notre modèle. Le modèle tricoté selon la description d'un livre de tricot ne correspond pas toujours à notre taille. Pour éviter les problèmes, on peut réaliser le patron selon sa taille et l'utiliser pour les modèles choisis. Nous allons décrire la construction d'un patron étape par étape.

## PREMIÈRE ÉTAPE : PRISE DES MESURES

Avant de prendre les mesures, il faut mettre sur la taille une ceinture de mesure qui va servir de repère. Pour cela, on peut utiliser un cordonnet ou un ruban fin.
De la même façon que l'on fait pour les patrons de couture, on construit les patrons de tricot pour la moitié du corps (du milieu du devant jusqu'au milieu du dos). Pour cette raison, en mesurant les tours et les largeurs, on divise les mesures en deux et on note les « demi-tours » ou les « demi-largeurs » (sauf la largeur de l'épaule). Cela ne concerne pas les longueurs, qui sont notées selon les mesures.
Ainsi, on prend les mesures suivantes.

**Demi-tour de cou (DTC)** – placez le mètre ruban autour du cou et repliez-le sous la pomme d'adam.

**Demi-tour de poitrine (DTP)** – placez le mètre ruban au point le plus fort de la poitrine en le passant au niveau des omoplates. Le mètre ruban doit rester horizontal et se replier au milieu du devant.

**Demi-tour de taille (DTT)** – mesurez au niveau le plus étroit du corps (le long de la ceinture de mesure).

**Demi-tour des hanches (DTH)** – mesurez à l'endroit le plus fort, tenant compte du ventre.

**Demi-largeur du dos (DLD)** – les bras pendant le long du corps, mesurez au-dessus des omoplates, entre les aisselles.

**Longueur du dos jusqu'à la taille (LDT)** – mesurez au milieu du dos à partir de la 7e vertèbre cervicale jusqu'à la ceinture de mesure tenant compte de l'arrondi des omoplates.

**Longueur totale (LT)** – pour le gilet ou la robe, mesurez au milieu du dos à partir de la 7e vertèbre cervicale jusqu'au niveau du bas du vêtement, en appuyant le mètre ruban contre la taille. Pour la jupe, mesurez sur le côté du corps à partir de la ceinture de mesure jusqu'à la longueur voulue, comme pour les pantalons.

**Demi-largeur du devant (DLDv)** – les bras pendant le long du corps, mesurez au-dessus de la poitrine, entre les aisselles.

**Écartement des seins (ES)** – mesurez la distance séparant les deux mamelons.

**Hauteur du mamelon (HM)** – prenez cette mesure en partant de la base de la ligne du cou et allant jusqu'à la pointe du sein.

**Hauteur du buste (HB)** – mesurez la distance entre la pointe du sein et la ceinture de mesure.

**Largeur d'épaule (LE)** – mesurez la distance entre la base du cou et l'extrémité de l'acromion.

**Longueur de manche (LM)** – mesurez à partir de l'extrémité de l'épaule (pour les manches longues) jusqu'au poignet ou jusqu'à la longueur souhaitée.

**Demi-tour de bras (DTB)** – le bras pendant le long du corps, mesurez à l'endroit le plus fort à côté de l'aisselle.

**Demi-tour de poignet (DTPg)** – mesurez à l'endroit le plus fin.

Pour construire les patrons pour les vêtements d'enfants au-dessous de la taille 32, il suffit de connaître DTC, DTP, LT et les mesures des manches.
Pour un modèle élargi, il faut prévoir une augmentation de la mesure de poitrine DTP (supplément pour la poitrine – SP) qui varie de 2 à 10 cm en fonction de la mode et de la façon du modèle.

## DEUXIÈME ÉTAPE : LA CONSTRUCTION DES PATRONS

Le patron d'un modèle féminin avec les manches traditionnelles.
Pour construire un modèle de style choisi, il faut tout d'abord construire une grille qui va servir de base pour le patron. Ensuite, il faut tracer les lignes qui déterminent la façon du modèle. Tracez les emplacements de la fermeture, des poches, des manchettes. Ce schéma permet de construire un patron pour le modèle choisi.
Prenons, par exemple, les mesures suivantes : 164 (taille) – 96 (tour de poitrine) – 100 (tour des hanches).
DTC – 18 cm, DTP – 48 cm, DTH – 50 cm, DLD – 19 cm, LDT – 38 cm, LE – 13 cm, ES – 10 cm, HM – 26 cm, HB – 43 cm, LT – 56 cm, DLDv – 19 cm, LM – 56 cm, DTB – 15 cm, DTPg – 18 cm, SP – 2 cm.
La grille. Dans le coin gauche, en haut de la page, dessinez un angle droit avec le sommet A. La ligne horizontale est la ligne du cou, la ligne verticale est la ligne du milieu du dos.
La largeur du dos est déterminée de façon suivante : à partir du point A, mesurez la distance, égale à la somme des mesures DTP et SP (48 + 2 = 50). C'est le point B. Pour tracer la ligne du milieu du devant, descendez verticalement en bas à partir de B parallèlement à la ligne du milieu du dos. La première étape de construction du dessin du dos est terminée.
Trouvez sur le dessin les lignes transversales. La première ligne, c'est la ligne de poitrine. À partir du point A, descendez le long de la ligne du milieu du dos et mesurez la distance DTP divisée en 3 + 5 cm (48 : 3 + 5 = 21). À partir de ce point, tracez vers la droite la ligne horizontale jusqu'au milieu du devant. La ligne de taille est éloignée du point A à la distance égale à la mesure LDT (38). Encore plus bas, tracez la ligne des hanches : descendez le long de la ligne du milieu du dos et mesurez

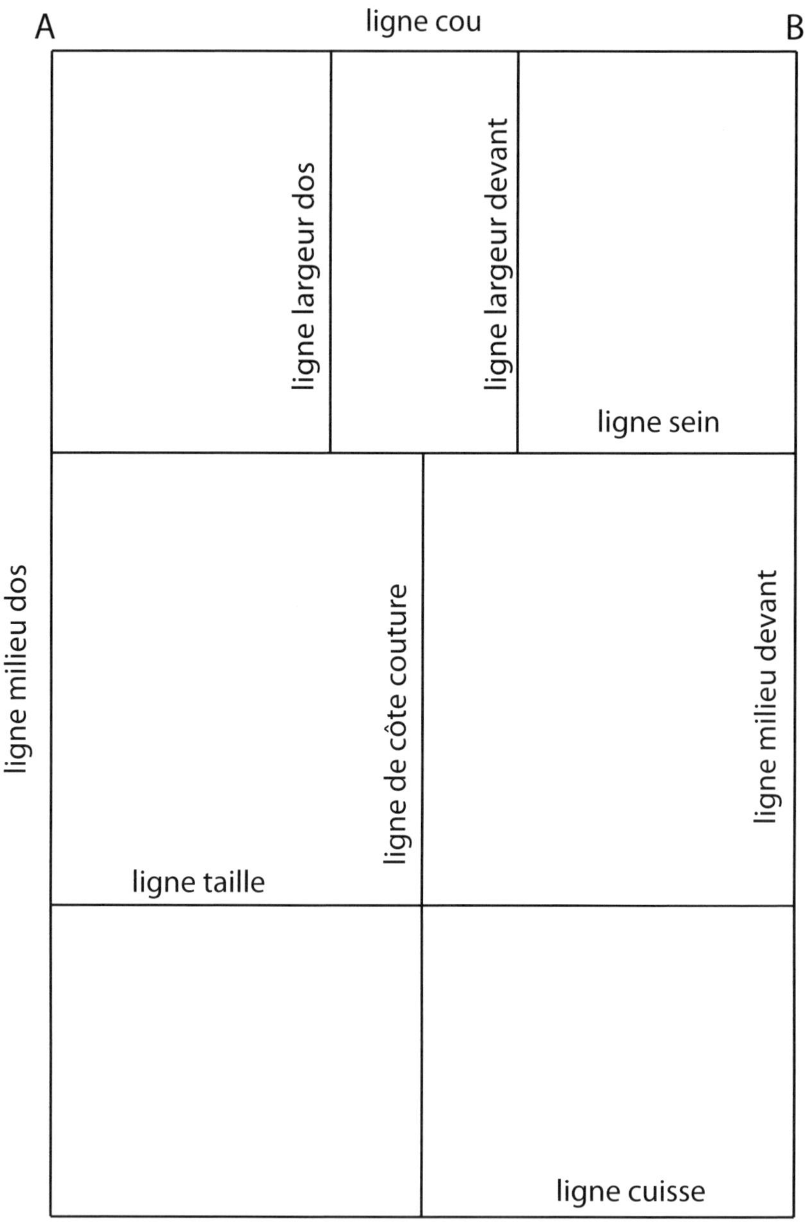
A
ligne cou
B
ligne largeur dos
ligne largeur devant
ligne sein
ligne milieu dos
ligne de côte couture
ligne milieu devant
ligne taille
ligne cuisse

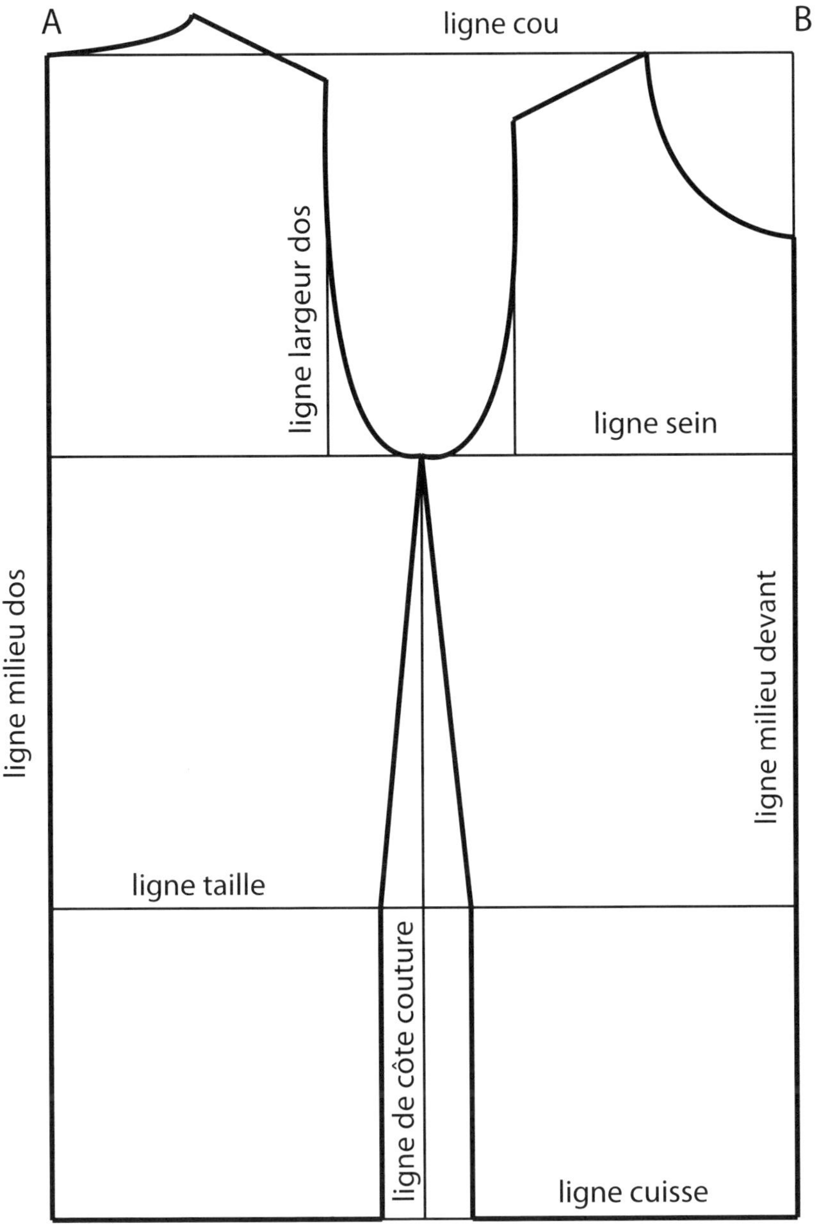
A
ligne cou
B
ligne largeur dos
ligne sein
ligne milieu dos
ligne milieu devant
ligne taille
ligne de côte couture
ligne cuisse

encore 16 à 20 cm en fonction de la taille. À partir de ce point, tracez la ligne horizontale à droite jusqu'à la ligne du milieu du devant. La ligne des hanches correspond à la ligne du bas.

Pour terminer la grille, il faut tracer encore quelques lignes. La ligne de la largeur du dos : à partir du point A, allez vers la droite et mesurez la distance, égale à DLD (19). À partir de ce point, descendez une ligne verticale jusqu'à la ligne de poitrine. Trouvez ensuite la ligne de la largeur du devant : à partir du point B, allez vers la gauche et mesurez la distance, égale à DLDv (19). À partir de ce point, tracez vers le bas une ligne verticale jusqu'à la ligne de poitrine.

En même temps, faites la ligne de la couture latérale : divisez en deux la distance entre la ligne de la largeur du dos et la ligne de la largeur du devant en suivant la ligne de poitrine (la croix marque le milieu du segment). À partir de ce point, tracez vers le bas la ligne verticale jusqu'à la ligne du bas.

Pour les dessins de grandes dimensions, il est impossible de trouver la ligne de poitrine selon le calcul de DTP (3 + 5), car l'emmanchure sera trop basse. Dans ce cas, la distance entre la ligne du cou et la ligne de poitrine ne doit pas dépasser 24 cm.

**LE DOS**

Tout d'abord, il faut déterminer la largeur de la partie supérieure à la ligne du cou. Pour cela, mesurez à partir du point A la distance égale à la mesure DTC divisée en trois (18 : 3 = 6). Ensuite, il faut déterminer la hauteur de cette partie : à partir du point qu'on vient de trouver, mesurez vers le haut la distance égale à DTC divisée par neuf (18 : 9 = 2). Après avoir marqué ces deux points, trouvez la ligne de la partie supérieure : tracez une courbe fluide entre le point A et le point du haut de la partie supérieure.

Maintenant, il est facile de dessiner la ligne de l'épaule. À partir de la ligne du cou, en suivant la ligne de la largeur du dos, mesurez vers le bas 2 cm et marquez le point A1 qu'il faut relier au point du haut de la partie supérieure. La longueur de l'épaule doit être égale à la mesure LE plus 1 cm (13 + 1 = 14). Il est à noter que l'extrémité de l'épaule ne se trouve pas toujours sur la ligne de la largeur du dos. Si c'est le cas, il faut tracer une ligne horizontale auxiliaire passant par ce point et y trouver la longueur de l'épaule à l'aide du compas. En fonction de la mesure LE, le point d'intersection de la courbe avec la ligne auxiliaire peut se trouver plus ou moins éloigné de la ligne de la largeur du dos. Pour cette raison, il faut trouver le milieu du segment entre le point A1 et la ligne de poitrine et le relier au point de l'extrémité de l'épaule.

Pour tracer la courbe de l'emmanchure, divisez en trois parties égales la distance entre la ligne de la couture latérale et la ligne de la largeur du dos (en suivant la ligne de poitrine). En montant la ligne de la largeur du dos, mesurez la distance égale à deux parties et reliez les deux extrémités avec une courbe fluide.

**LE DEVANT**

Commencez toujours par déterminer la largeur de l'encolure. Pour cela, allez à partir du point B vers la gauche suivant la ligne du cou et mesurez la distance égale à DTC divisée en 3 plus 0,5 cm (18 : 3 + 0,5 = 6,5). Trouvez ensuite le point de la profondeur de l'encolure. En descendant du point B le long de la ligne du milieu du devant, mesurez la distance égale à DTC divisée par trois plus 2 cm (18 : 3 + 2 = 8). Après avoir trouvé ces deux points (largeur et profondeur), il faut les relier avec une ligne en pointillé et trouver le milieu de cette ligne. Construisez un angle droit et mesurez vers le bas 2 cm, puis tracez une courbe fluide de la ligne de l'encolure.

Pour dessiner la ligne de l'épaule, descendez la ligne de la largeur du devant à partir de la ligne du cou et mesurez 3 cm. Marquez le point B1 qu'il faut relier au point de la largeur de l'encolure. La longueur de l'épaule doit être égale à la mesure LE. Pour les épaules plus larges ou plus étroites, il faut suivre la méthode utilisée pour la construction du dessin du dos.

Tracez la ligne de l'emmanchure comme pour le dos.

Dans la construction du dessin du devant, le plus compliqué est de faire les pinces de poitrine horizontales. En suivant la ligne de poitrine vers la gauche, mesurez la distance égale à ES (10) et tracez la ligne verticale jusqu'à la ligne de la taille. Ensuite, en partant du point de la largeur de l'encolure (sur la ligne du cou), descendez vers le bas et mesurez la distance égale à HM (26) jusqu'à l'intersection avec la ligne verticale. Le point d'intersection détermine la position de la ligne des pinces de poitrine horizontales. Le point d'extrémité des pinces se trouve à 2 ou 3 cm de la ligne verticale.

Pour la mise en forme des pinces de poitrine, il faut construire le triangle, dont la hauteur est égale à la profondeur des pinces, calculée comme la différence entre les mesures HB et LDT (43 - 38 = 5).

Les pinces de poitrine ne sont pas indispensables pour les modèles de petite taille ou les modèles tricotés en point ajouré. Il suffit de tricoter le devant un peu plus long que le dos (1,5 cm – 2,5 cm) et

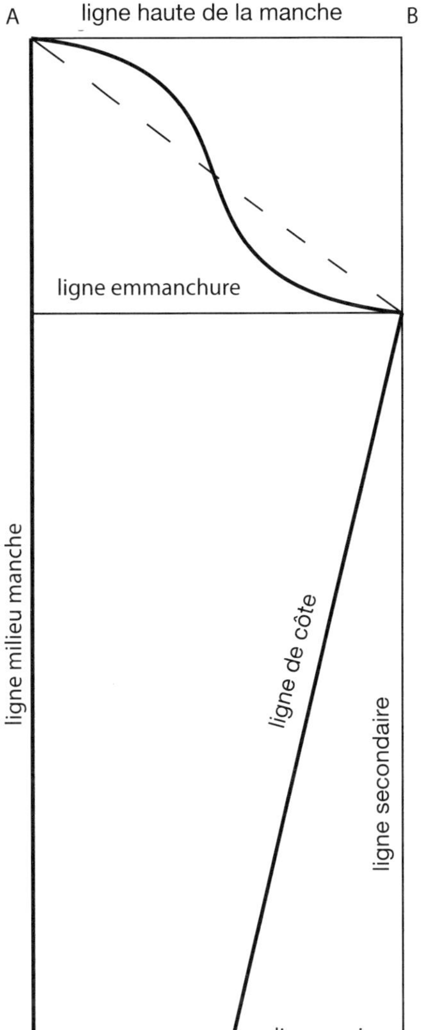

mettre le surplus dans les coutures latérales lors de l'assemblage du modèle.
Sur le patron on dessine seulement l'emplacement des pinces de poitrine et le triangle de calcul. La longueur du devant peut être ajustée pendant le travail.

**LA MANCHE**

Pour construire le patron de la manche, dessinez un angle droit avec le sommet A dans le coin gauche, en haut de la page. La ligne horizontale est la ligne où se trouve le haut de l'arrondi de manche, la ligne verticale est la ligne du milieu de manche. La largeur de la grille est égale à la mesure DTB plus 3 cm (15 + 3 = 18). Mesurez cette distance à partir du point A, en allant vers la droite le long de la ligne du haut de l'arrondi de manche.
Puis, à partir du point B, tracez une ligne auxiliaire parallèle à la ligne du milieu de manche. Pour dessiner la ligne de l'emmanchure, descendez la ligne du milieu de manche à partir du point A et mesurez la distance égale à DTP divisée en quatre plus 3 cm (48 : 4 + 3 = 15). À partir de ce point, tracez vers la droite une ligne horizontale jusqu'à la ligne auxiliaire.
La ligne du poignet est la ligne du bas du patron de la manche. Elle est facile à trouver : la distance du point A jusqu'à la ligne du poignet est égale à la mesure LM (56 cm). C'est la dernière ligne nécessaire pour construire la grille du patron.
Pour trouver la largeur de la manche, il faut aller de la ligne du milieu de manche vers la droite et mesurer la distance égale à DTPg plus 2 cm (8 + 2 = 10). Reliez ce point de la ligne du poignet au point d'intersection de la ligne de l'emmanchure et de la ligne auxiliaire pour tracer la ligne latérale de la manche.
Tracez ensuite la ligne de l'arrondi de manche. Reliez le point A au point d'intersection de la ligne de l'emmanchure et de la ligne auxiliaire par une ligne en pointillé et divisez-la en 4 parties égales. On obtient 3 points. Descendez perpendiculairement du point du bas et mesurez 1,5 cm, mesurez ensuite 2 cm du point du haut. Tracez une courbe passant par ces deux points.

# COMMENT DÉTERMINER LE NOMBRE DE MAILLES À MONTER

Avant de commencer le travail, il faut tricoter un échantillon. On le tricote avec le même fil qui est prévu pour le modèle. Il vous permet de vous assurer que le point du modèle convient pour le fil choisi. Si l'échantillon est bien réussi, vous pouvez l'utiliser pour calculer le nombre de mailles pour votre modèle. Grâce au patron que vous avez dessiné, vous pouvez calculer le nombre exact de mailles à monter au début du travail. Pour cela, il faut monter sur les aiguilles 20 à 25 mailles et tricotez en point choisi 4 ou 5 cm. Ensuite, repassez l'échantillon du côté envers avec un tissu humide, posez-le sur le patron et calculez combien de fois il rentre dans la largeur du patron.
Mais il existe un autre moyen de calculer le nombre de mailles. Étalez bien l'échantillon tricoté (s'il n'est pas repassé) et mesurez sa largeur. Divisez le nombre de mailles montées sur le chiffre obtenu pour déterminer la densité du tricot (le nombre de mailles sur 1 cm). Par exemple, si vous avez monté 30 mailles et que la largeur de l'échantillon est égale à 12 cm, la densité du tricot sera égale à : 30 : 12 = 2,5 mailles sur 1 cm. Après avoir déterminé la densité de mailles, on peut calculer le nombre de mailles nécessaire pour la largeur du modèle tricoté. Pour cela, il faut multiplier la largeur du modèle (supposons qu'elle est égale à 10 cm) sur la densité (2,5 mailles) : 2,5 x 10 - 25 mailles.

### LA FINITION ET L'ASSEMBLAGE DES PIÈCES TRICOTÉES

Vous avez tricoté toutes les pièces de votre modèle ? Maintenant, il faut passer à l'étape de finition et d'assemblage.
Tout d'abord, il faut laver et sécher les pièces tricotées en respectant toutes les règles nécessaires. Il est important de laver les pièces tricotées. Non seulement parce qu'elles pourraient se salir pendant le travail (on pourrait les laver plus tard) mais aussi parce que les saletés peuvent se fixer sur le tricot pendant le repassage qui est nécessaire pour la plupart des points du tricot. De plus, avant la mise en forme, même les ouvrages tricotés par les tricoteuses expérimentées ont souvent la structure irrégulière et donc leur aspect ne correspond pas aux attentes. Cela peut être dû au travail irrégulier mais, le plus souvent, cela s'explique par les propriétés de certains fils qui s'accrochent sur les brins ou qui sont assez durs pour prendre tout de suite la forme courbée des mailles. Pendant le lavage, les fils deviennent plus souples et les mailles prennent leur place et la forme nécessaire. Après le lavage, il faut rentrer toutes les extrémités de fils apparentes à l'aide du crochet.
Ensuite, avant d'assembler les pièces, il faut les mettre en forme une par une. Dans la plupart des cas, même après l'assemblage du modèle, il reste encore des finitions à faire, par exemple, les bordures de l'encolure ou des emmanchures (pour les gilets) qui se font avec des pièces tricotées ou cousues.
Les napperons et les nappes nécessitent une mise en forme bien particulière. Pour arriver au bon résultat, il faut les étaler, les épingler, les amidonner et les sécher selon la technologie spécifique. La finition des ouvrages de ce type est la même pour les ouvrages tricotés ou crochetés.

# LE REPASSAGE

La plupart des points du tricot nécessitent la mise en forme par le repassage. Cela s'explique par le fait que les pièces tricotées, avant d'être assemblées, doivent prendre leur forme définitive correspondant aux dimensions du patron. Ce processus permet aussi de corriger certains défauts de travail et d'aplanir les bordures ayant tendance à gondoler. Cependant, il ne faut pas appuyer trop fort sur le fer à repasser, car cela peut déformer le tricot. Pour le repassage, vous aurez besoin d'une surface plane couverte d'un tissu épais. Une table couverte par une couverture et un drap peuvent convenir à cette fin. Vous aurez également besoin d'épingles en matière inoxydable. Vous devez en avoir beaucoup, car il faut épingler les ouvrages à l'intervalle de 1,5 à 2 cm le long de toutes les bordures, sauf les parties en côtes. Les parties en côtes ne doivent subir aucune pression ni tension.

Il est toujours nécessaire de repasser les pièces tricotées en points plats ou avec des motifs en petit relief. Étalez délicatement le tricot sur le patron en posant l'endroit contre la surface de mise en forme et repassez-le avec un linge humide à l'aide d'un fer à repasser bien chaud. Le fer à repasser doit à peine toucher la surface du tricot, c'est la vapeur qui doit agir sur la laine. On peut repasser normalement uniquement les pièces tricotées en jersey ou en motif semblable. Le processus de repassage décrit plus haut s'appelle aussi le repassage à vapeur. Ce terme est très souvent employé dans les livres de tricot. Après avoir repassé, laissez sécher la pièce de tricot pendant quelque temps et retirez-la du patron.

Il ne faut jamais repasser les parties tricotées en côtes. Si vous n'êtes pas contente de leur aspect, lavez la pièce et étirez-la légèrement dans le sens des côtes, en la serrant préalablement entre les mains. Essayez de ne pas étirer les bordures.

Pour repasser les pièces tricotées en relief, par exemple en torsades ou en bouclé, il faut les épingler sur le tissu épais, couvrir d'une serviette bien mouillée, les laisser ainsi pendant 2 heures et les laisser sécher. Quant au tricot en relief peu prononcé, il faut le repasser à la vapeur avec un linge humide et sans le toucher avec le fer à repasser. Après le repassage, il faut tout de suite retirer la pièce et la secouer un peu pour rétablir la texture du tricot. Après cela, il faut l'étaler de nouveau sur la surface plane et la laisser sécher.

D'habitude, les ouvrages crochetés ont plus de relief, donc il ne faut pas les repasser, sauf les ouvrages crochetés en rangs de mailles serrés ou de brides. Posez les patrons sur la surface de la mise en forme. Humectez les pièces et épinglez-les en suivant les bords des patrons avec les épingles en matière non oxydable (pour ne pas salir l'ouvrage). Pour le devant et le dos on peut utiliser le même patron. Dans ce cas, épinglez d'abord le dos puis retirez le patron. Épinglez ensuite le devant en suivant les bords du patron. Après le séchage des pièces, on peut procéder à leur assemblage.

# COMMENT ASSEMBLER LES PIÈCES DE L'OUVRAGE TRICOTÉ

Après avoir mis en forme les différentes pièces de votre tricot, l'heure est venue de les assembler. Mais d'abord, il faut faufiler les pièces pour les essayer et corriger les défauts si nécessaire. On peut coudre les pièces à la main, en utilisant le point droit ou le point de piqûre. On peut également les coudre à la machine. Dans ce cas, il faut préférer des petits points droits ou des points en zigzag. En s'avançant, il faut étirer légèrement les bords du tricot. Cela est nécessaire pour éviter le déchirement des fils lorsque le tricot s'étire. Pour renforcer la couture de l'épaule, on peut utiliser un ruban. Pour assembler le col tricoté séparément, il faut d'abord le faufiler, en plaçant le milieu du col sur le milieu de l'encolure du dos et les bouts du col sur les milieux des pattes de boutonnage. Ensuite, on peut le coudre à la main ou à la machine au point zigzag. S'il est prévu de faire la fermeture éclair, elle doit être un peu plus courte (1 cm) que les bordures de l'ouverture. Ainsi, pour la coudre, il faut serrer un peu les mailles de bordures.

Si vous assemblez les pièces de votre tricot à la main, il faut les coudre avec le fil qui était utilisé pour le tricot. En assemblant le tricot à la machine à coudre, il faut choisir le fil de même couleur. Le numéro de fil à coudre ne doit pas dépasser 40 – 50. Il est préférable d'utiliser le fil renforcé par le nylon car le fil doit être assez solide.

## L'ASSEMBLAGE AVEC LES MÉTHODES PROPRES AU TRICOT

On peut utiliser ces méthodes pour assembler les pièces du tricot. Il en existe plusieurs.

- L'assemblage des mailles bord à bord au point glissé

À la fin d'une pièce, tricotez 2 à 3 rangs avec le fil en coton et ne rabattez pas les mailles. Retirez les aiguilles du tricot et repassez les pièces. Détricotez les mailles tricotées en coton. Alignez les deux pièces, mailles ouvertes face les unes aux autres. En commençant par la pièce située vers le bas, piquez l'aiguille du côté envers dans la 1re maille et tirez le fil sur le côté endroit. Ensuite, piquez l'aiguille du côté endroit dans la 1re maille de la pièce placée en haut, passez le fil du côté envers vers le côté endroit par la 2e maille de la pièce placée en haut, piquez de nouveau l'aiguille par-dessus dans la 1re maille du bas et tirez-la par la 2e maille du bas. Ensuite, piquez l'aiguille dans la 2e maille du haut et passez-la par la 3e du bas. Continuez ainsi jusqu'à la fin du rang.

- L'assemblage horizontal du tricot en côtes

Préparez les pièces comme d'habitude. En commençant par le bord extérieur, assemblez les mailles à l'endroit, sans toucher les mailles à l'envers. Terminez le rang et retournez le travail sur le côté envers. Assemblez les mailles restantes par le même point (sur le côté envers, elles sont devenues les mailles à l'endroit).

- L'assemblage horizontal du tricot en côtes 2/2, 3/3, etc.

Préparez les pièces, alignez-les l'une face à l'autre et assemblez-les de façon suivante. Commencez par assembler les 2 mailles à l'endroit, retournez le travail sur le côté endroit en arrivant aux mailles à l'envers et assemblez les 2 mailles suivantes comme les mailles à l'endroit. Continuez ainsi jusqu'à la fin de l'assemblage.

– L'assemblage vertical des pièces tricotées en jersey

Prenez le fil utilisé pour le tricot et assemblez les pièces sur l'endroit du travail, en piquant l'aiguille sous le brin à côté de la maille lisière et en alternant les mailles de deux pièces.

– L'assemblage vertical des pièces tricotées en relief

Assemblez les pièces, en piquant l'aiguille alternativement sous le fil entre les mailles lisières et les mailles suivantes d'une pièce et de l'autre.

– L'assemblage vertical des pièces tricotées en point mousse

Piquez l'aiguille alternativement sous le brin avant d'une pièce et sous le brin arrière de l'autre.

– L'assemblage des mailles par grafting

Les cols, les poches et les bordures tricotées séparément sont assemblés par grafting. Cette technique est utilisée pour border les pièces du tricot (l'encolure, le devant, le col).

Cette technique est proche du point de chaînette dans la broderie. Tricotez des bandes de largeur de 3 cm. Commencez et terminez chaque bande avec 2 à 3 rangs tricotés avec le fil de coton. Repassez les bandes et détricotez les rangs tricotés en coton. Pliez une bande en deux, posez-la sur l'endroit de la pièce tricotée et enfilez-la de façon que le bord de la pièce recouvre 0,3 cm à 0,5 cm de la bande. Assemblez les mailles ouvertes de la bande et l'endroit de la pièce par grafting. Pour faire le grafting, il faut utiliser le même fil qui était utilisé pour le tricot mais plus fin. Pour commencer, coupez un morceau de fil de longueur 3 fois supérieur à la longueur de la bande de finition. Piquez l'aiguille dans la 2ᵉ maille du côté envers du travail, puis dans la 1ʳᵉ maille du côté endroit et dans la 3ᵉ du côté envers, ensuite dans la 2ᵉ, dans la 4ᵉ, dans la 3ᵉ maille, etc. Ce point d'assemblage ressemble au point de piqûre. On peut utiliser cette technique non seulement pour l'assemblage des pièces tricotées, elle peut aussi servir pour rabattre les mailles du dernier rang et obtenir une bordure qui ressemble à la bordure du premier rang. Si vous avez tricoté un ouvrage qu'il faudrait refaire ultérieurement, par exemple un pull d'enfant, vous pouvez assembler les pièces de cet ouvrage sans les coudre, en crochetant tout simplement un rang de mailles serrées dans les mailles lisières de deux pièces. Ce type d'assemblage rend la couture plus visible que les techniques décrites plus haut mais il est utile quand il faut défaire la couture. Il suffit de tirer sur le fil.

# LES DIFFÉRENTS TYPES DE COUTURES

L'assemblage des pièces par les méthodes propres au tricot donne des coutures presque invisibles. Il n'est pas nécessaire de faufiler les pièces avant l'assemblage.

1. Pour faire les coutures verticales, il faut, après avoir fait la mise en forme, poser les deux pièces à assembler bord à bord, le côté endroit en haut. Commencez à coudre, en piquant l'aiguille sous le fil entre la maille lisière et la maille précédente de la pièce droite. Puis piquez l'aiguille sous le fil entre la maille lisière et la maille précédente de la pièce gauche. Continuez ainsi, en alternant les pièces. Ne serrez pas trop le fil pour que la couture soit suffisamment élastique.

2. L'assemblage par la couture horizontale permet de garder la structure et de préserver l'élasticité de

l'ouvrage tricoté. La couture est invisible. Piquez l'aiguille par-dessous dans la première maille de la pièce du bas, puis piquez l'aiguille par-dessus dans la première maille de la pièce du haut et passez-la par la maille suivante, puis piquez l'aiguille dans la maille précédente de la pièce du bas et passez-la par la maille suivante. Ensuite, piquez l'aiguille dans la maille précédente de la pièce du haut. Répétez cette opération jusqu'à la fin de la couture. Travaillant ainsi, il faut tendre le fil de telle façon qu'il prend la forme des mailles comme pendant le travail en jersey endroit.

3. Faites la couture en piquant l'aiguille de droite à gauche comme pour assembler les mailles tricotées en jersey endroit. Travaillant ainsi, il faut tendre le fil de façon à ce qu'il prenne la forme des mailles comme pendant le travail en jersey envers.

4. La couture réalisée sur le côté endroit. Placez les deux pièces à assembler bord à bord. Cousez, en commençant par le bas des pièces et en piquant l'aiguille de gauche à droite sous les fils entre les mailles lisières et les mailles précédentes. Pour l'assemblage selon cette méthode, il est recommandé de tricoter les mailles lisières dans tous les rangs. Ne serrez pas trop le fil.

5. La couture réalisée du côté envers du travail. Placez les deux pièces à assembler bord à bord et cousez par les petits points le long du rang des mailles fermées.

6. La couture réalisée du bas vers le haut. Placez les deux pièces à assembler bord à bord, endroit contre endroit, et cousez par les petits points à distance de 5 mm des mailles lisières. Les coutures réalisées selon les méthodes 5 et 6 ne seront pas plates comme les coutures réalisées selon les méthodes du tricot.

# LES SCHÉMAS DE TRICOT

Il existe des points simples de tricot qui ne nécessitent pas de longues descriptions. Mais il existe aussi des motifs compliqués dont les descriptions s'étalent sur plusieurs pages. Dans ce cas, il est plus pratique d'utiliser les schémas graphiques représentant les motifs du tricot. Pour toutes les mailles, il existe des symboles qui permettent de les représenter sur un schéma du motif. Le schéma se lit du bas vers le haut et de droite à gauche (dans le même sens qu'on tricote). Tous les rangs impairs (endroits) se tricotent avec les mailles représentées par les symboles du schéma et les rangs pairs (envers) avec les mailles inverses : s'il y a le symbole de la maille à l'endroit, il faut tricoter la maille à l'envers et vice versa.

Tous les autres symboles dans les rangs pairs se tricotent selon leur représentation sur le schéma. Cela permet d'imaginer selon le schéma la disposition des mailles du motif sur le côté endroit du travail.

On peut apercevoir les groupes de symboles qui se répètent sur les schémas de tricot. Ces groupes de symboles représentent la partie élémentaire du motif qui se répète et qui s'appelle le point (il est parfois indiqué par l'encadré ou les flèches). La répétition du point permet de créer le motif du tricot, donc le nombre de mailles dans un rang doit être divisible par le nombre de mailles du point.

Le point composé d'un nombre défini de mailles et de rangs s'appelle le point du motif. Sa répétition permet de créer le motif de toute la pièce tricotée. Il faut répéter le point le nombre de fois nécessaire en fonction du nombre de mailles sur l'aiguille. Souvent, dans les descriptions des modèles on aperçoit des astérisques (*) qui symbolisent les répétitions du motif. Dans ces cas, les mailles avant ou après les astérisques se répètent plusieurs fois sur un rang. Le point du motif peut être représenté sur le schéma graphique, cependant ce n'est pas possible pour tous les motifs. Il existe aussi des motifs compliqués dont les descriptions s'étalent sur plusieurs pages.

Dans ce cas, il est plus pratique d'utiliser un schéma, c'est-à-dire la représentation graphique du motif, qui n'est pas une description détaillée du point. Pour dessiner un schéma du motif et pour le déchiffrer, on utilise les symboles. Le seul problème de cette méthode consiste dans le fait qu'il n'existe pas de système unique des symboles des mailles et les différents manuels et magazines du tricot peuvent utiliser les symboles différents. Pour les débutantes, il est parfois problématique de lire les schémas.

Le schéma d'un motif est donc composé des symboles qui correspondent à des différents types de mailles.

# L'ENTRETIEN DES TRICOTS

Pour entretenir les ouvrages tricotés, il faut respecter certaines règles.

1. Utilisez pour le lavage uniquement des produits sans alcalis ou avec alcalis faibles.
2. Lavez les ouvrages tricotés dans l'eau froide dont la température ne dépasse pas 30 °C.
3. Lavez les ouvrages en laine à la main, rincez-les plusieurs fois jusqu'à ce que l'eau devienne transparente. Pour rafraîchir les couleurs, vous pouvez ajouter un peu de vinaigre d'alcool à l'eau de rinçage final.
4. Lavez les vêtements de couleur claire et de couleur foncée séparément.
5. Après le lavage, essorez les vêtements dans une serviette, sans les serrer ! En ce qui concerne les vêtements épais, on peut les essorer d'abord dans la machine à laver en choisissant le régime délicat et les sécher ensuite à l'aide d'une serviette-éponge.
6. Pour sécher les ouvrages tricotés, il faut les étaler sur une surface plane, leur donner la forme nécessaire et mettre par-dessous un tissu absorbant (par exemple, une serviette-éponge).
7. Il faut minimiser le temps de lavage et de séchage car le contact prolongé entre les parties différentes de l'ouvrage pourrait altérer ses couleurs.
8. Ne pas sécher les ouvrages en laine à côté des appareils de chauffage ou sous l'exposition directe du soleil.

**N'OUBLIEZ PAS** que chaque rang se commence et se termine par les mailles lisières.

Dans certaines descriptions, on peut rencontrer l'expression « tricoter selon le schéma ». Cela signifie que toutes les mailles du rang, concernées par cette indication, doivent être tricotées selon leur représentation sur le schéma pour le côté donné du travail. Ainsi, si une maille est représentée comme maille à l'endroit (trait vertical), il faut la tricoter à l'endroit, et si elle est représentée comme maille à l'envers (trait horizontale), il faut la tricoter à l'envers.
Le motif doit être disposé symétriquement par rapport aux bords de l'étoffe tricotée.
Un rang de tricot peut être composé d'un seul point ou de plusieurs points, mais ils doivent absolument être entiers et être disposés symétriquement par rapport au milieu de la pièce tricotée. Si toutefois le nombre de mailles dans un rang n'est pas un multiple du nombre de mailles du point, il faudra répartir les mailles restantes de façon symétrique au début et à la fin du rang. On peut les tricoter en point, utilisé pour le motif principal de votre ouvrage, ou en point quelconque qui convient à ce motif (par exemple, en jersey endroit).

# Les motifs du tricot

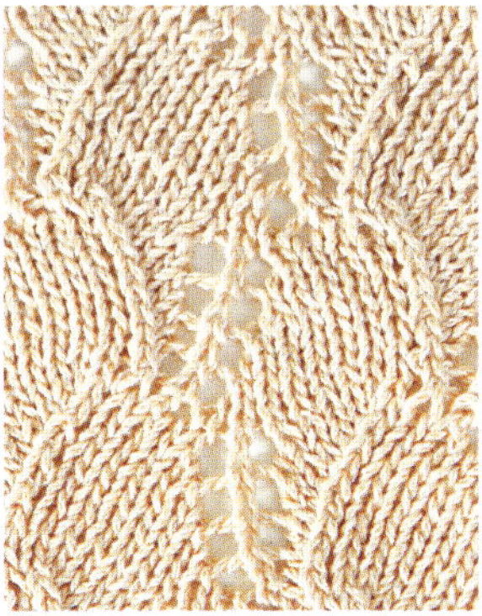

# LÉGENDES UTILISÉES DANS LES MOTIFS DU TRICOT

Maille à l'endroit

3 mailles tricotées ensemble à l'endroit maille

Maille lisière

Glisser 1 maille à l'endroit sans la tricoter

Jeté

Maille à l'envers

3 mailles tricotées ensemble, inclinées vers la gauche : glisser 2 mailles comme pour tricoter à l'endroit, tricoter la maille suivante à l'endroit et la passer par les 2 mailles glissées

2 mailles tricotées ensemble, inclinées vers la droite

2 mailles tricotées ensemble, inclinées vers la gauche : glisser la première maille comme pour tricoter à l'endroit, tricoter la maille suivante à l'endroit et la passer par la première

Tricoter 1 maille croisée (à l'endroit), en relevant le fil entre les mailles du rang précédent

Glisser 2 mailles ensemble comme pour le travail à l'endroit, tricoter 1 maille à l'endroit et la passer à travers les mailles glissées

Il n'y a pas de maille (sert pour la compréhension du schéma)

Tricoter 5 mailles dans la même maille (1 maille à l'endroit, 1 maille à l'envers, 1 maille à l'endroit, 1 maille à l'envers, 1 maille à l'endroit), faire pivoter le travail, faire 5 mailles à l'endroit, tourner le travail, glisser les 4 premières mailles sans les tricoter, 1 maille à l'endroit, tirer les mailles glissées à travers la dernière maille

Tricoter 5 mailles dans la même maille : 1 maille à l'endroit, 1 jeté, 1 maille à l'endroit, 1 jeté, 1 maille à l'endroit

5 mailles ensemble à l'endroit en piquant dans le brin arrière

Glisser 1 maille sur l'aiguille auxiliaire derrière le travail, 1 maille à l'endroit, 1 maille à l'endroit avec la maille de l'aiguille auxiliaire

Glisser 1 maille sur l'aiguille auxiliaire derrière le travail, 1 maille à l'endroit, 1 maille à l'envers avec la maille de l'aiguille auxiliaire

Glisser 1 maille sur l'aiguille auxiliaire derrière le travail, 1 maille à l'envers, 1 maille à l'endroit avec la maille de l'aiguille auxiliaire

Glisser 1 maille sur l'aiguille auxiliaire derrière le travail, 1 maille à l'envers, 1 maille à l'endroit avec la maille de l'aiguille auxiliaire

Glisser 2 mailles sur l'aiguille auxiliaire devant le travail, 1 maille à l'endroit, 2 mailles à l'endroit avec les mailles de l'aiguille auxiliaire

Glisser 2 mailles sur l'aiguille auxiliaire derrière le travail, 1 maille à l'endroit, 2 mailles à l'endroit avec les mailles de l'aiguille auxiliaire

Glisser 2 mailles sur l'aiguille auxiliaire devant le travail, 1 maille à l'envers, 2 mailles à l'endroit avec les mailles de l'aiguille auxiliaire

Glisser 2 mailles sur l'aiguille auxiliaire derrière le travail, 1 maille à l'envers, 2 mailles à l'endroit avec les mailles de l'aiguille auxiliaire

6 mailles
Glisser à gauche au début, laisser 3 mailles sur l'aiguille auxiliaire, tricoter les 3 mailles suivantes à l'endroit, tricoter ensuite 3 mailles de l'aiguille auxiliaire

6 mailles
Glisser 3 mailles sur l'aiguille auxiliaire devant le travail, 3 mailles à l'endroit, 3 mailles à l'endroit avec les mailles de l'aiguille auxiliaire

8 mailles
Glisser à gauche au début, laisser 4 mailles sur l'aiguille auxiliaire, tricoter les 4 mailles suivantes à l'endroit, tricoter ensuite 4 mailles de l'aiguille auxiliaire

Glisser 2 mailles sur l'aiguille auxiliaire devant le travail, 2 mailles endroit, reprendre les 2 mailles en attente et les tricoter à l'endroit

Glisser 2 mailles sur l'aiguille auxiliaire derrière le travail, 2 mailles endroit, reprendre les 2 mailles en attente et les tricoter à l'endroit

Glisser 3 mailles sur l'aiguille auxiliaire devant le travail, 3 mailles à l'endroit, 3 mailles à l'endroit avec les mailles de l'aiguille auxiliaire

Glisser 3 mailles sur l'aiguille auxiliaire derrière le travail, 3 mailles à l'endroit, 3 mailles à l'endroit avec les mailles de l'aiguille auxiliaire

Glisser à gauche au début, laisser 4 mailles sur l'aiguille auxiliaire, tricoter les 4 mailles suivantes à l'endroit, tricoter ensuite 4 mailles de l'aiguille auxiliaire

Glisser 4 mailles sur l'aiguille auxiliaire derrière le travail, 4 mailles à l'endroit, 4 mailles à l'endroit avec les mailles de l'aiguille auxiliaire

Glisser 6 mailles sur l'aiguille auxiliaire devant le travail, 5 mailles, 6 mailles avec les mailles de l'aiguille auxiliaire

Maille à l'endroit
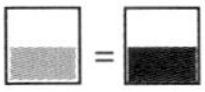
Maille à l'envers

Tricoter trois mailles dans la même maille (1 maille à l'endroit, 1 maille à l'envers, 1 maille à l'endroit), tricoter ensuite selon le schéma

Glisser 6 mailles sur l'aiguille auxiliaire devant le travail, 6 mailles à l'endroit, 6 mailles à l'endroit avec les mailles de l'aiguille auxiliaire

Tricoter 2 mailles envers ensemble

Glisser 1 maille endroit avec un jeté sans la tricoter

Tricoter 3 mailles dans la même maille : une maille endroit, un jeté, une maille endroit

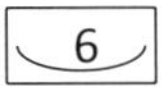

Tricoter 6 mailles endroit

Maille envers sur un rang envers ou endroit

12 mailles
Glisser 6 mailles sur l'aiguille auxiliaire devant le travail, tricoter 6 mailles endroit et 6 mailles endroit avec les mailles de l'aiguille auxiliaire

10 mailles
Glisser 5 mailles sur l'aiguille auxiliaire devant le travail, tricoter 5 mailles endroit et 5 mailles endroit avec les mailles de l'aiguille auxiliaire

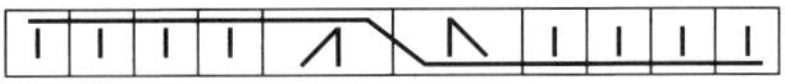

Laisser 6 mailles sur l'aiguille auxiliaire devant le travail, tricoter 4 mailles endroit, 2 mailles endroit ensemble, ensuite les 2 premières mailles endroit ensemble et 4 mailles endroit

Laisser 5 mailles sur l'aiguille auxiliaire devant le travail, tricoter 3 mailles endroit, 2 mailles endroit ensemble, ensuite les 2 premières mailles endroit ensemble et 3 mailles endroit

Laisser 4 mailles sur l'aiguille auxiliaire devant le travail, tricoter 2 mailles endroit, 2 mailles endroit ensemble, ensuite les 2 premières mailles endroit ensemble et 2 mailles endroit

Laisser 3 mailles sur l'aiguille auxiliaire devant le travail, tricoter 1 maille endroit, 2 mailles endroit ensemble, ensuite les 2 premières mailles endroit ensemble et 1 maille endroit

Laisser 2 mailles sur l'aiguille auxiliaire devant le travail, tricoter 2 mailles endroit ensemble, ensuite les 2 premières mailles endroit ensemble

* Lors de la réalisation des motifs en suivant les schémas, tricoter les rangs envers ainsi : la maille endroit du rang endroit à l'envers, la maille envers du rang endroit à l'endroit, les jetés se font toujours à l'endroit.

# LES POINTS AJOURÉS

## MOTIF 1

| | | | | | | | | | | | | | | | | | |
|---|---|---|---|---|---|---|---|---|---|---|---|---|---|---|---|---|---|
| I | I | I | I | I | U | / | I | \ | U | I | I | I | I | I | I | I | Rang 23 |
| I | I | I | I | U | / | I | I | I | \ | U | I | I | I | I | I | I | Rang 21 |
| I | I | I | U | / | I | I | I | I | I | \ | U | I | I | I | I | I | Rang 19 |
| I | I | U | / | I | I | I | I | I | I | I | \ | U | I | I | I | I | Rang 17 |
| I | U | / | I | I | / | U | I | \ | U | I | I | \ | U | I | I | I | Rang 15 |
| U | / | I | I | / | U | I | I | I | \ | U | I | I | \ | U | I | I | Rang 13 |
| \ | U | I | I | I | I | I | I | I | I | I | I | I | U | / | I | I | Rang 11 |
| I | \ | U | I | \ | U | I | I | I | U | / | I | U | / | I | I | I | Rang 9 |
| I | I | \ | U | I | \ | U | I | U | / | I | U | / | I | I | I | I | Rang 7 |
| I | I | I | \ | U | I | I | I | I | I | U | / | I | I | I | I | I | Rang 5 |
| I | I | I | I | \ | U | I | I | I | U | / | I | I | I | I | I | I | Rang 3 |
| I | I | I | I | I | \ | U | I | U | / | I | I | I | I | I | I | I | Rang 1 |

motif

# MOTIF 2

Rang 12
Rang 11
Rang 10
Rang 9
Rang 8
Rang 7
Rang 6
Rang 5
Rang 4
Rang 3
Rang 2
Rang 1

# MOTIF 3

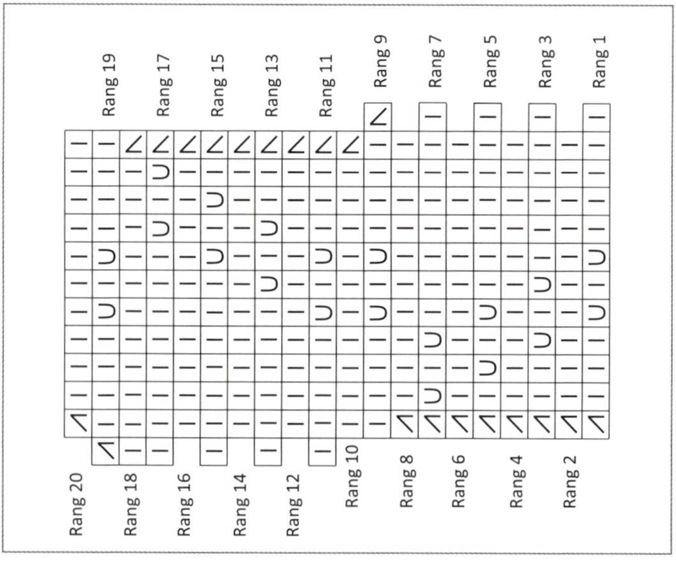
Rang 19
Rang 17
Rang 15
Rang 13
Rang 11
Rang 9
Rang 7
Rang 5
Rang 3
Rang 1
Rang 20
Rang 18
Rang 16
Rang 14
Rang 12
Rang 10
Rang 8
Rang 6
Rang 4
Rang 2

# MOTIF 4

| | | | | | | | | | | | | | |
|---|---|---|---|---|---|---|---|---|---|---|---|---|---|
| ⟍ | U | I | I | I | U | Δ | U | I | I | I | U | ⟋ | Rang 23 |
| I | ⟍ | U | I | U | ⟋ | I | ⟍ | U | I | U | ⟋ | I | Rang 21 |
| I | I | U | Δ | U | I | I | I | U | Δ | U | I | I | Rang 19 |
| I | U | ⟋ | I | ⟍ | U | I | U | ⟋ | I | ⟍ | U | I | Rang 17 |
| ⟍ | U | I | I | I | U | Δ | U | I | I | I | U | ⟋ | Rang 15 |
| I | ⟍ | U | I | U | ⟋ | I | ⟍ | U | I | U | ⟋ | I | Rang 13 |
| I | I | U | Δ | U | I | I | I | U | Δ | U | I | I | Rang 11 |
| I | U | ⟋ | I | ⟍ | U | I | U | ⟋ | I | ⟍ | U | I | Rang 9 |
| ⟍ | U | I | I | I | U | Δ | U | I | I | I | U | ⟋ | Rang 7 |
| I | ⟍ | U | I | U | ⟋ | I | ⟍ | U | I | U | ⟋ | I | Rang 5 |
| I | I | U | Δ | U | I | I | I | U | Δ | U | I | I | Rang 3 |
| I | U | ⟋ | I | ⟍ | U | I | U | ⟋ | I | ⟍ | U | I | Rang 1 |

motif

# MOTIF 5

| | | | | | | | | | | | | | | | | | | | | | | | | | | | | | |
|---|---|---|---|---|---|---|---|---|---|---|---|---|---|---|---|---|---|---|---|---|---|---|---|---|---|---|---|---|---|
| | | I | ⋋ | U | I | I | I | I | I | I | I | U | ▲ | U | ▲ | U | ▲ | U | I | I | I | I | I | U | ⋌ | I | | | Rang 11 |
| | | ⋌ | U | ▲ | I | ⋋ | U | I | U | ⋌ | I | ⋋ | U | ▲ | U | ⋌ | I | ⋋ | U | I | U | ⋌ | U | ▲ | U | ⋋ | | | Rang 9 |
| ⋌ | U | ⋌ | I | ⋋ | U | ⋋ | U | I | I | I | I | I | U | I | U | I | I | I | I | I | U | ⋌ | U | ⋌ | I | ⋋ | U | ⋋ | Rang 7 |
| ⋌ | U | ⋌ | I | I | I | ⋋ | U | ⋋ | U | I | I | I | U | I | U | I | I | I | U | ⋌ | U | ⋌ | I | I | I | ⋋ | U | ⋋ | Rang 5 |
| ⋌ | U | I | I | I | I | I | I | I | U | I | U | I | U | I | U | I | U | I | U | I | I | I | I | I | I | I | U | ⋋ | Rang 3 |
| I | I | I | I | I | I | I | I | I | I | I | I | I | I | I | I | I | I | I | I | I | I | I | I | I | I | I | I | I | Rang 1 |

# MOTIF 6

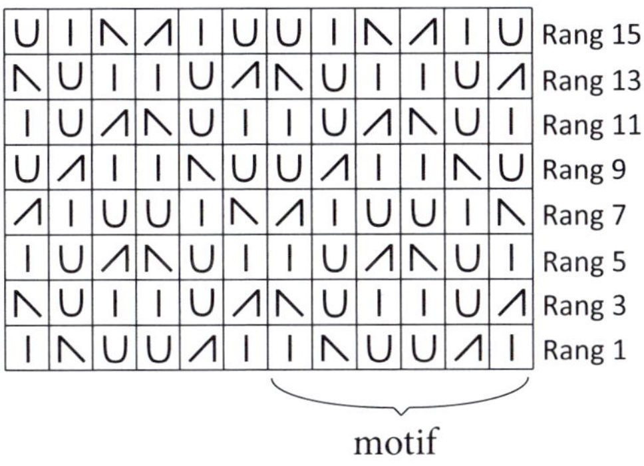

# MOTIF 7

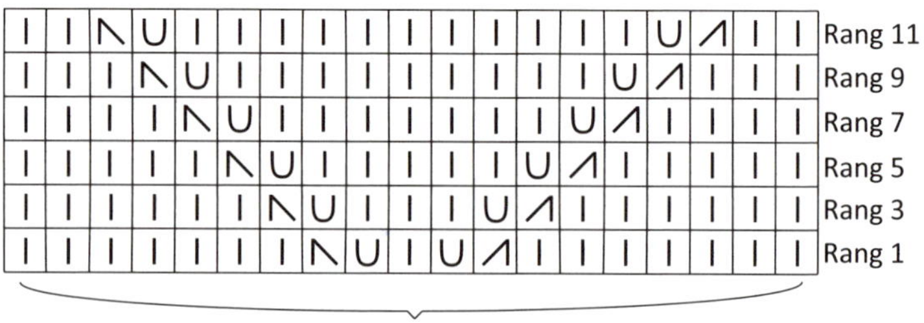

# MOTIF 8

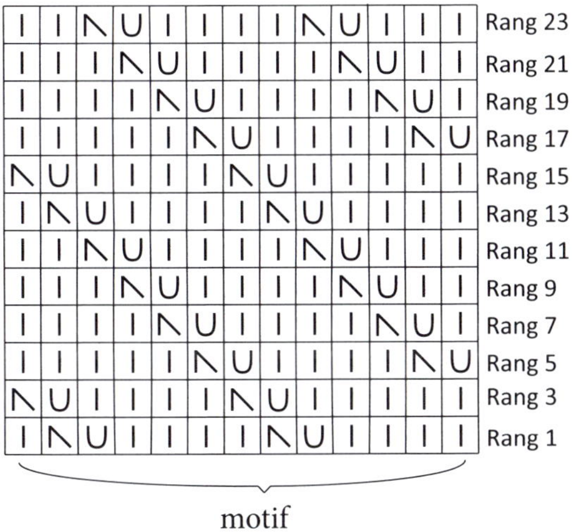
Rang 23
Rang 21
Rang 19
Rang 17
Rang 15
Rang 13
Rang 11
Rang 9
Rang 7
Rang 5
Rang 3
Rang 1
motif

## MOTIF 9

## MOTIF 10

schéma 9

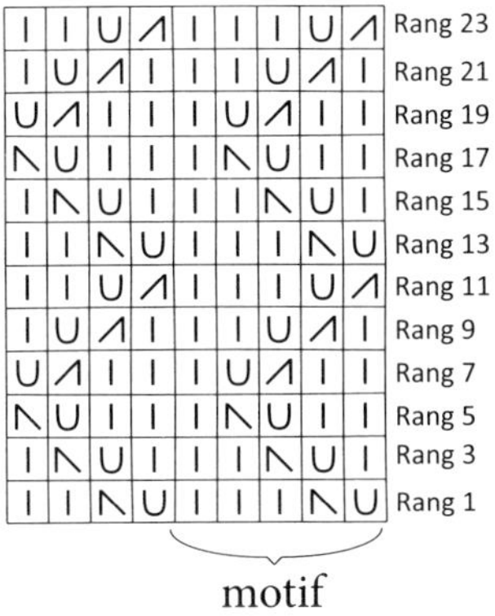


schéma 10

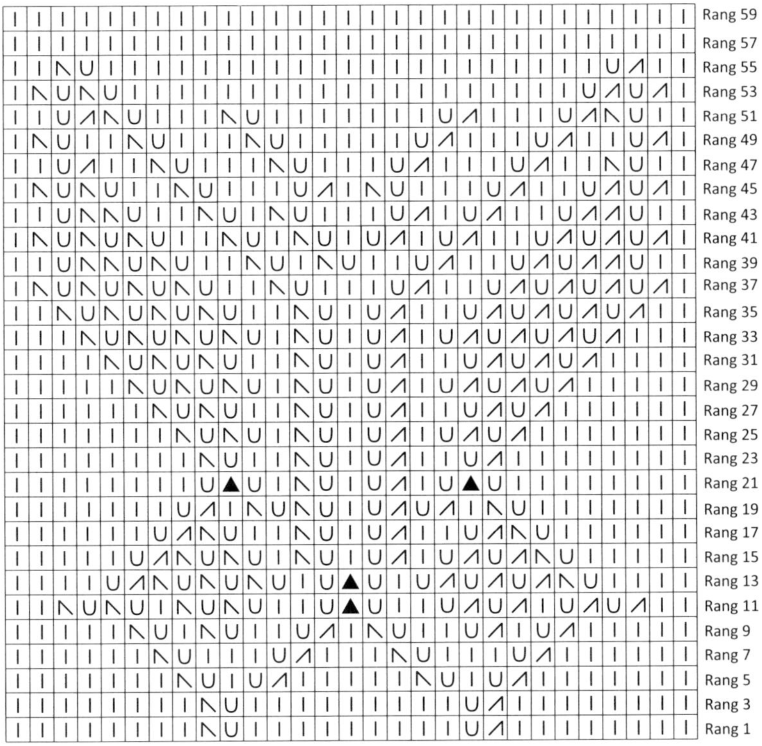

# LES POINTS EN RELIEF

## MOTIF 11

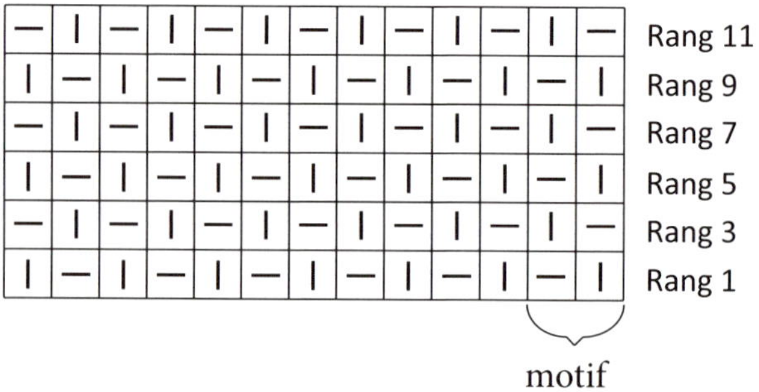

# MOTIF 12

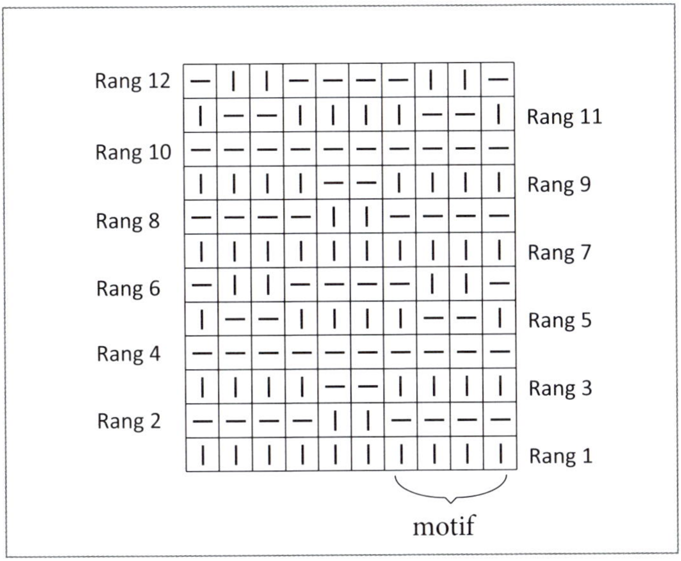

Rang 12
Rang 11
Rang 10
Rang 9
Rang 8
Rang 7
Rang 6
Rang 5
Rang 4
Rang 3
Rang 2
Rang 1
motif

# MOTIF 13

| | | | | | | | | | | |
|---|---|---|---|---|---|---|---|---|---|---|
| I | — | — | — | I | I | I | — | — | — | Rang 15 |
| I | — | — | — | I | I | I | — | — | — | Rang 13 |
| I | — | — | — | I | I | I | — | — | — | Rang 11 |
| I | — | — | — | I | I | I | — | — | — | Rang 9 |
| — | I | I | I | — | — | — | I | I | I | Rang 7 |
| — | I | I | I | — | — | — | I | I | I | Rang 5 |
| — | I | I | I | — | — | — | I | I | I | Rang 3 |
| — | I | I | I | — | — | — | I | I | I | Rang 1 |

motif

# MOTIF 14

<table>
<tr><td>|</td><td>—</td><td>|</td><td>—</td><td>—</td><td>—</td><td>|</td><td>—</td><td>|</td><td>—</td><td>|</td><td>—</td><td>—</td><td>Rang 21</td></tr>
<tr><td>|</td><td>—</td><td>|</td><td>—</td><td>—</td><td>—</td><td>|</td><td>—</td><td>|</td><td>—</td><td>|</td><td>—</td><td>—</td><td>Rang 19</td></tr>
<tr><td>—</td><td>|</td><td>—</td><td>—</td><td>—</td><td>—</td><td>—</td><td>|</td><td>—</td><td>|</td><td>—</td><td>—</td><td>—</td><td>Rang 17</td></tr>
<tr><td>—</td><td>|</td><td>—</td><td>—</td><td>—</td><td>—</td><td>—</td><td>|</td><td>—</td><td>|</td><td>—</td><td>—</td><td>—</td><td>Rang 15</td></tr>
<tr><td>|</td><td>—</td><td>—</td><td>—</td><td>—</td><td>—</td><td>—</td><td>—</td><td>|</td><td>—</td><td>—</td><td>—</td><td>—</td><td>Rang 13</td></tr>
<tr><td>|</td><td>—</td><td>—</td><td>—</td><td>—</td><td>—</td><td>—</td><td>—</td><td>|</td><td>—</td><td>—</td><td>—</td><td>—</td><td>Rang 11</td></tr>
<tr><td>—</td><td>|</td><td>—</td><td>—</td><td>—</td><td>—</td><td>—</td><td>|</td><td>—</td><td>|</td><td>—</td><td>—</td><td>—</td><td>Rang 9</td></tr>
<tr><td>|</td><td>—</td><td>|</td><td>—</td><td>—</td><td>—</td><td>|</td><td>—</td><td>|</td><td>—</td><td>|</td><td>—</td><td>—</td><td>Rang 7</td></tr>
<tr><td>|</td><td>—</td><td>|</td><td>—</td><td>—</td><td>—</td><td>|</td><td>—</td><td>|</td><td>—</td><td>|</td><td>—</td><td>—</td><td>Rang 5</td></tr>
<tr><td>—</td><td>|</td><td>—</td><td>|</td><td>—</td><td>|</td><td>—</td><td>|</td><td>—</td><td>|</td><td>—</td><td>|</td><td>—</td><td>Rang 3</td></tr>
<tr><td>—</td><td>|</td><td>—</td><td>|</td><td>—</td><td>|</td><td>—</td><td>|</td><td>—</td><td>|</td><td>—</td><td>|</td><td>—</td><td>Rang 1</td></tr>
</table>

motif

# MOTIF 15

| | | | | | | | | | | | |
|---|---|---|---|---|---|---|---|---|---|---|---|
| — | — | — | — | — | — | \| | \| | \| | \| | — | Rang 23 |
| — | — | — | — | — | \| | \| | \| | \| | — | — | Rang 21 |
| — | — | — | — | \| | \| | \| | \| | — | — | — | Rang 19 |
| — | — | — | \| | \| | \| | \| | — | — | — | — | Rang 17 |
| — | — | — | \| | \| | \| | — | — | — | — | — | Rang 15 |
| — | — | — | \| | \| | — | — | — | — | — | — | Rang 13 |
| — | — | \| | — | — | — | — | — | — | — | \| | Rang 11 |
| — | \| | \| | — | — | — | — | — | — | \| | \| | Rang 9 |
| \| | \| | \| | — | — | — | — | \| | \| | \| | \| | Rang 7 |
| \| | \| | — | — | — | — | — | \| | \| | \| | — | Rang 5 |
| \| | — | — | — | — | — | — | \| | \| | — | — | Rang 3 |
| — | — | — | — | — | — | — | \| | — | — | — | Rang 1 |

motif

# MOTIF 16

| | | | | | | | | | | | | | | | | | | |
|---|---|---|---|---|---|---|---|---|---|---|---|---|---|---|---|---|---|---|
| │ | │ | │ | │ | │ | │ | │ | │ | │ | │ | │ | │ | │ | │ | │ | │ | │ | │ | Rang 35 |
| │ | — | — | │ | │ | — | — | │ | │ | │ | │ | │ | │ | │ | │ | │ | │ | │ | Rang 33 |
| │ | — | — | │ | │ | — | — | │ | │ | — | — | — | — | — | — | — | — | — | Rang 31 |
| │ | — | — | │ | │ | — | — | │ | │ | — | — | — | — | — | — | — | — | — | Rang 29 |
| │ | — | — | │ | │ | — | — | │ | │ | │ | │ | │ | │ | │ | │ | │ | │ | Rang 27 |
| │ | — | — | │ | │ | — | — | │ | │ | │ | │ | │ | │ | │ | │ | │ | │ | Rang 25 |
| │ | — | — | │ | │ | — | — | │ | │ | — | — | — | — | — | — | — | — | — | Rang 23 |
| │ | — | — | │ | │ | — | — | │ | │ | — | — | — | — | — | — | — | — | — | Rang 21 |
| │ | — | — | │ | │ | — | — | │ | │ | │ | │ | │ | │ | │ | │ | │ | │ | Rang 19 |
| │ | │ | │ | │ | │ | │ | │ | │ | │ | │ | │ | │ | │ | │ | │ | │ | │ | │ | Rang 17 |
| │ | │ | │ | │ | │ | │ | │ | │ | │ | │ | — | — | │ | │ | — | — | │ | │ | Rang 15 |
| — | — | — | — | — | — | — | — | │ | │ | — | — | │ | │ | — | — | │ | │ | Rang 13 |
| — | — | — | — | — | — | — | — | │ | │ | — | — | │ | │ | — | — | │ | │ | Rang 11 |
| │ | │ | │ | │ | │ | │ | │ | │ | │ | │ | — | — | │ | │ | — | — | │ | │ | Rang 9 |
| │ | │ | │ | │ | │ | │ | │ | │ | │ | │ | — | — | │ | │ | — | — | │ | │ | Rang 7 |
| — | — | — | — | — | — | — | — | │ | │ | — | — | │ | │ | — | — | │ | │ | Rang 5 |
| — | — | — | — | — | — | — | — | │ | │ | — | — | │ | │ | — | — | │ | │ | Rang 3 |
| │ | │ | │ | │ | │ | │ | │ | │ | │ | │ | — | — | │ | │ | — | — | │ | │ | Rang 1 |

motif

# MOTIF 17

<table>
<tr><td>|</td><td>—</td><td>—</td><td>|</td><td>|</td><td>|</td><td>|</td><td>|</td><td>|</td><td>—</td><td>—</td><td>|</td><td>|</td><td>|</td><td>|</td><td>|</td><td>Rang 27</td></tr>
<tr><td>|</td><td>—</td><td>—</td><td>|</td><td>|</td><td>|</td><td>|</td><td>|</td><td>|</td><td>—</td><td>—</td><td>|</td><td>|</td><td>|</td><td>|</td><td>|</td><td>Rang 25</td></tr>
<tr><td>—</td><td>—</td><td>—</td><td>—</td><td>|</td><td>|</td><td>|</td><td>|</td><td>—</td><td>—</td><td>—</td><td>—</td><td>|</td><td>|</td><td>|</td><td>|</td><td>Rang 23</td></tr>
<tr><td>—</td><td>—</td><td>—</td><td>—</td><td>—</td><td>|</td><td>|</td><td>—</td><td>—</td><td>—</td><td>—</td><td>—</td><td>—</td><td>|</td><td>|</td><td>—</td><td>Rang 21</td></tr>
<tr><td>—</td><td>—</td><td>—</td><td>—</td><td>—</td><td>—</td><td>—</td><td>—</td><td>—</td><td>—</td><td>—</td><td>—</td><td>—</td><td>—</td><td>—</td><td>—</td><td>Rang 19</td></tr>
<tr><td>—</td><td>—</td><td>—</td><td>—</td><td>—</td><td>—</td><td>—</td><td>—</td><td>—</td><td>—</td><td>—</td><td>—</td><td>—</td><td>—</td><td>—</td><td>—</td><td>Rang 17</td></tr>
<tr><td>—</td><td>|</td><td>|</td><td>—</td><td>—</td><td>—</td><td>—</td><td>—</td><td>—</td><td>|</td><td>|</td><td>—</td><td>—</td><td>—</td><td>—</td><td>—</td><td>Rang 15</td></tr>
<tr><td>|</td><td>|</td><td>|</td><td>|</td><td>—</td><td>—</td><td>—</td><td>—</td><td>|</td><td>|</td><td>|</td><td>|</td><td>—</td><td>—</td><td>—</td><td>—</td><td>Rang 13</td></tr>
<tr><td>|</td><td>|</td><td>|</td><td>|</td><td>|</td><td>—</td><td>—</td><td>|</td><td>|</td><td>|</td><td>|</td><td>|</td><td>|</td><td>—</td><td>—</td><td>|</td><td>Rang 11</td></tr>
<tr><td>|</td><td>|</td><td>|</td><td>|</td><td>|</td><td>—</td><td>—</td><td>|</td><td>|</td><td>|</td><td>|</td><td>|</td><td>|</td><td>—</td><td>—</td><td>|</td><td>Rang 9</td></tr>
<tr><td>|</td><td>|</td><td>|</td><td>|</td><td>—</td><td>—</td><td>—</td><td>—</td><td>|</td><td>|</td><td>|</td><td>|</td><td>—</td><td>—</td><td>—</td><td>—</td><td>Rang 7</td></tr>
<tr><td>—</td><td>|</td><td>|</td><td>—</td><td>—</td><td>—</td><td>—</td><td>—</td><td>—</td><td>|</td><td>|</td><td>—</td><td>—</td><td>—</td><td>—</td><td>—</td><td>Rang 5</td></tr>
<tr><td>—</td><td>—</td><td>—</td><td>—</td><td>—</td><td>—</td><td>—</td><td>—</td><td>—</td><td>—</td><td>—</td><td>—</td><td>—</td><td>—</td><td>—</td><td>—</td><td>Rang 3</td></tr>
<tr><td>—</td><td>—</td><td>—</td><td>—</td><td>—</td><td>—</td><td>—</td><td>—</td><td>—</td><td>—</td><td>—</td><td>—</td><td>—</td><td>—</td><td>—</td><td>—</td><td>Rang 1</td></tr>
</table>

motif

# MOTIF 18

| | | | | | | | | | | |
|---|---|---|---|---|---|---|---|---|---|---|
| Rang 12 | \| | \| | — | — | — | — | \| | \| | — | |
| | — | — | \| | \| | \| | \| | — | — | \| | Rang 11 |
| Rang 10 | — | — | — | — | — | — | — | — | — | |
| | \| | \| | \| | \| | — | — | \| | \| | \| | Rang 9 |
| Rang 8 | — | — | — | — | \| | \| | — | — | — | |
| | \| | \| | \| | \| | \| | \| | \| | \| | \| | Rang 7 |
| Rang 6 | \| | \| | — | — | — | — | \| | \| | — | |
| | — | — | \| | \| | \| | \| | — | — | \| | Rang 5 |
| Rang 4 | — | — | — | — | — | — | — | — | — | |
| | \| | \| | \| | \| | — | — | \| | \| | \| | Rang 3 |
| Rang 2 | — | — | — | — | \| | \| | — | — | — | |
| | \| | \| | \| | \| | \| | \| | \| | \| | \| | Rang 1 |

motif

# MOTIF 19

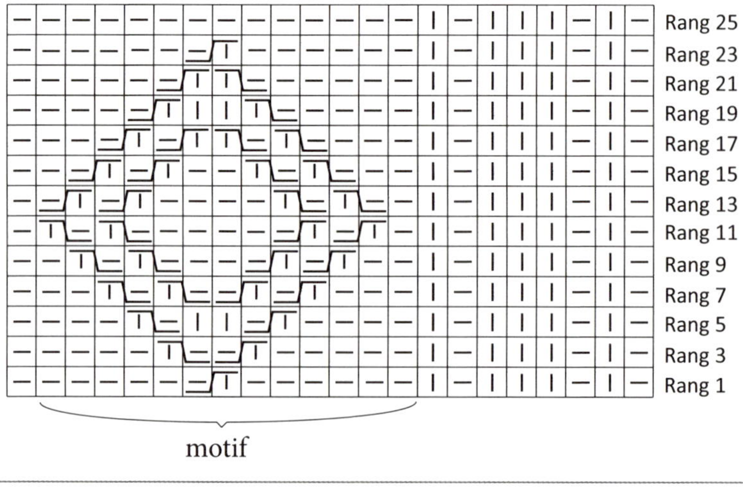
Rang 25
Rang 23
Rang 21
Rang 19
Rang 17
Rang 15
Rang 13
Rang 11
Rang 9
Rang 7
Rang 5
Rang 3
Rang 1
motif

# MOTIF 20

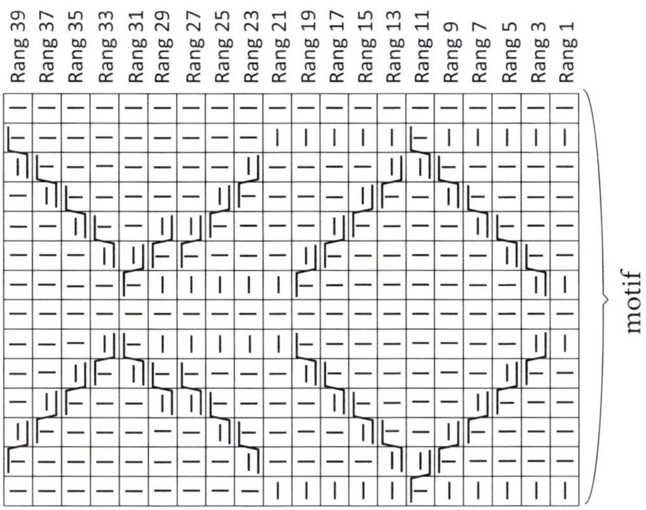
Rang 39
Rang 37
Rang 35
Rang 33
Rang 31
Rang 29
Rang 27
Rang 25
Rang 23
Rang 21
Rang 19
Rang 17
Rang 15
Rang 13
Rang 11
Rang 9
Rang 7
Rang 5
Rang 3
Rang 1
motif

# LES POINTS TORSADÉS

## MOTIF 21

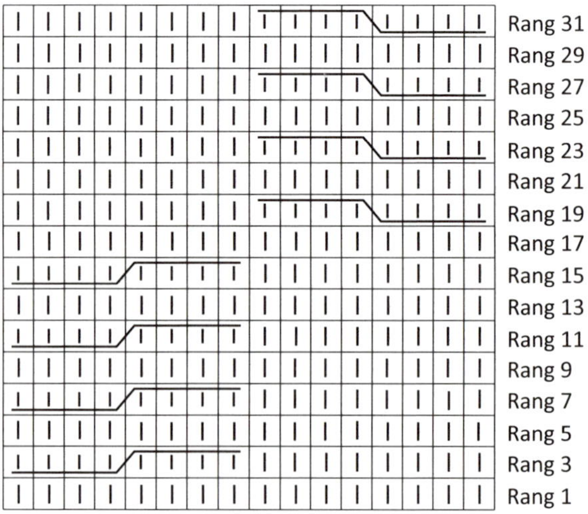

# MOTIF 22

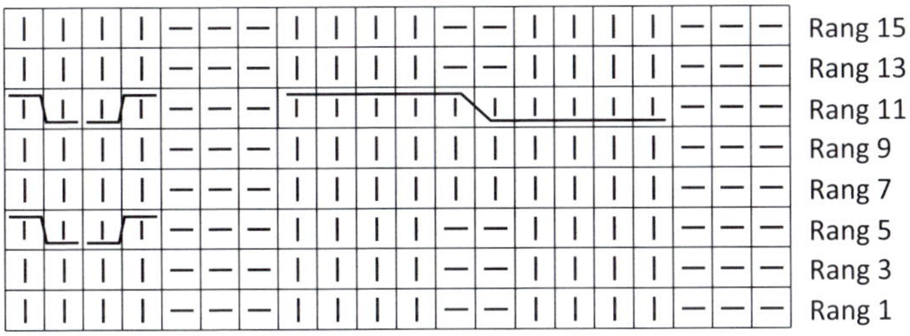

# MOTIF 23

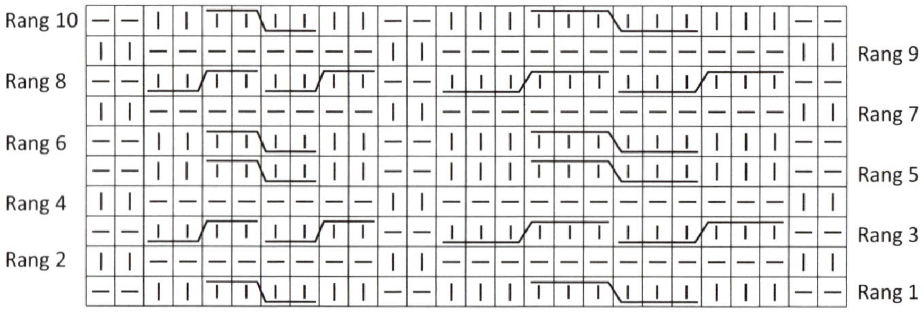
Rang 10
Rang 9
Rang 8
Rang 7
Rang 6
Rang 5
Rang 4
Rang 3
Rang 2
Rang 1

# MOTIF 24

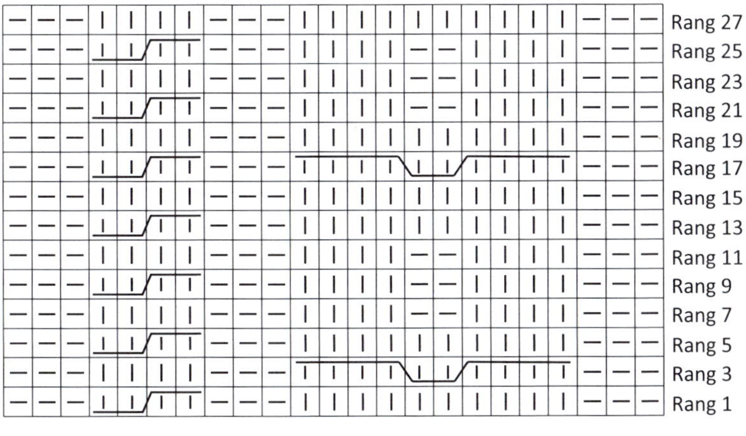
Rang 27
Rang 25
Rang 23
Rang 21
Rang 19
Rang 17
Rang 15
Rang 13
Rang 11
Rang 9
Rang 7
Rang 5
Rang 3
Rang 1

# MOTIF 25

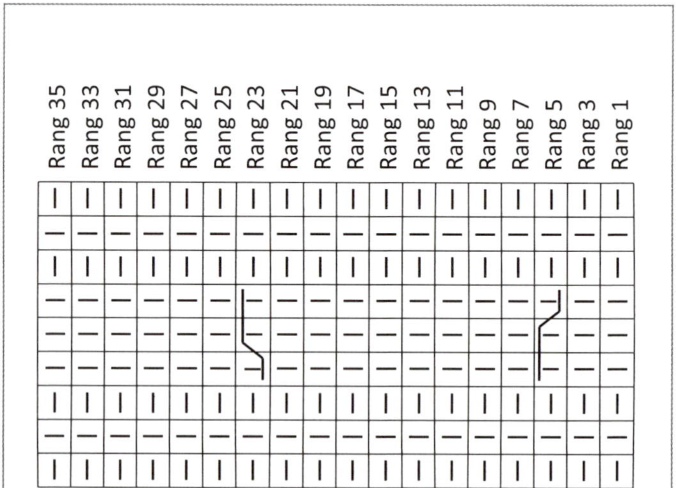
Rang 35
Rang 33
Rang 31
Rang 29
Rang 27
Rang 25
Rang 23
Rang 21
Rang 19
Rang 17
Rang 15
Rang 13
Rang 11
Rang 9
Rang 7
Rang 5
Rang 3
Rang 1

# MOTIF 26

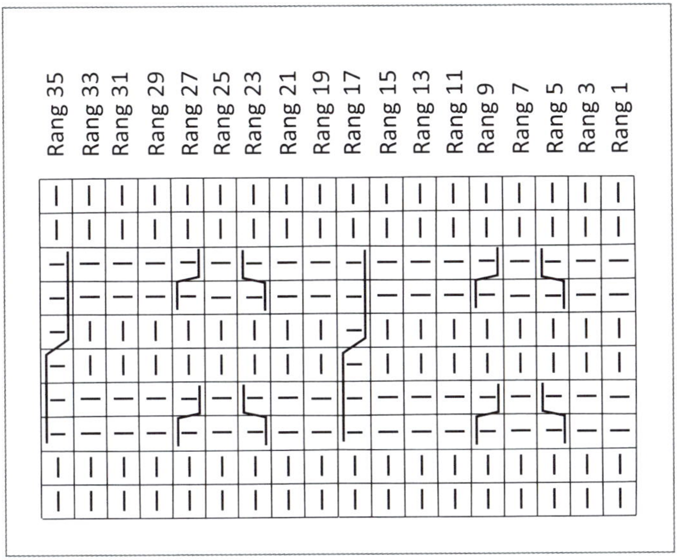
Rang 35
Rang 33
Rang 31
Rang 29
Rang 27
Rang 25
Rang 23
Rang 21
Rang 19
Rang 17
Rang 15
Rang 13
Rang 11
Rang 9
Rang 7
Rang 5
Rang 3
Rang 1

# MOTIF 27

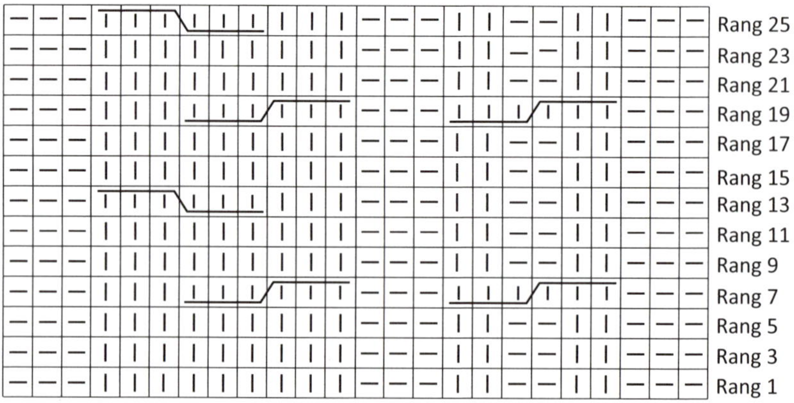
Rang 25
Rang 23
Rang 21
Rang 19
Rang 17
Rang 15
Rang 13
Rang 11
Rang 9
Rang 7
Rang 5
Rang 3
Rang 1

# MOTIF 28

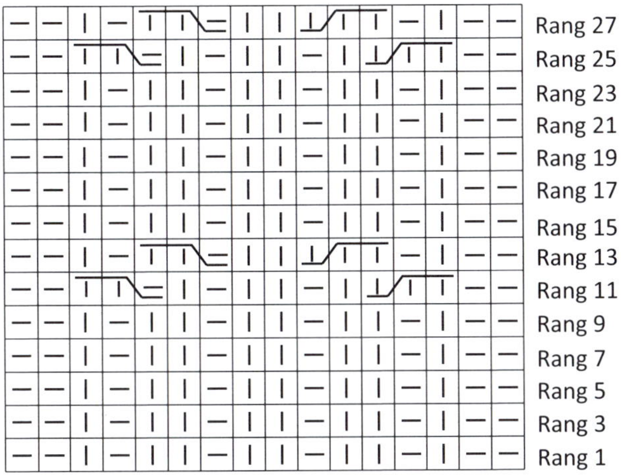
Rang 27
Rang 25
Rang 23
Rang 21
Rang 19
Rang 17
Rang 15
Rang 13
Rang 11
Rang 9
Rang 7
Rang 5
Rang 3
Rang 1

# MOTIF 29

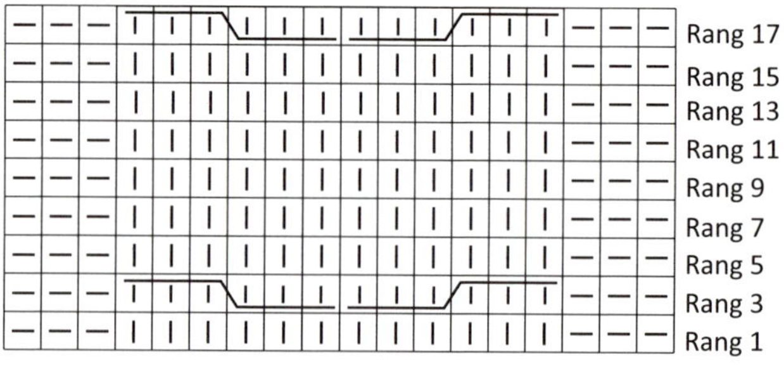

# MOTIF 30

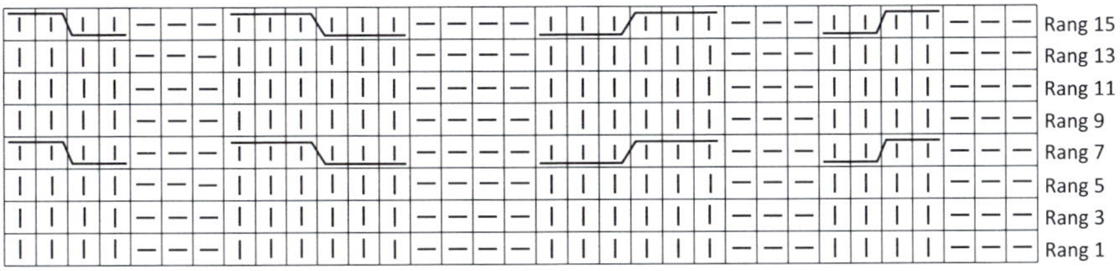

# LES POINTS JACQUARD

## MOTIF 31

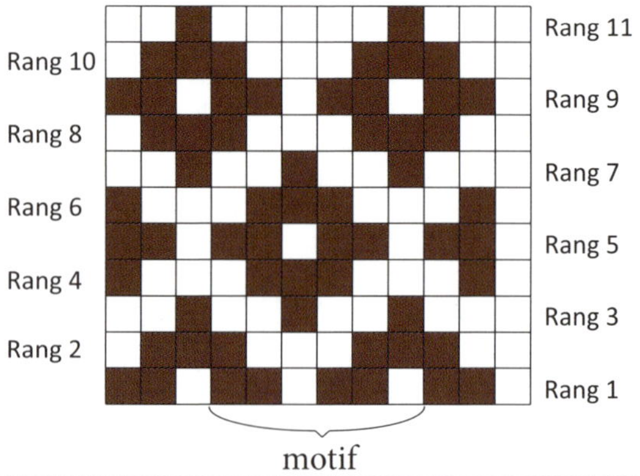

# MOTIF 32

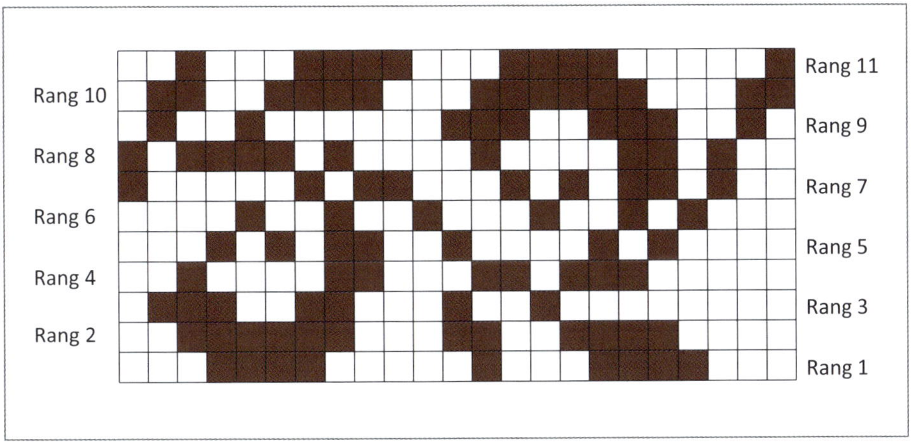
Rang 11
Rang 10
Rang 9
Rang 8
Rang 7
Rang 6
Rang 5
Rang 4
Rang 3
Rang 2
Rang 1

# MOTIF 33

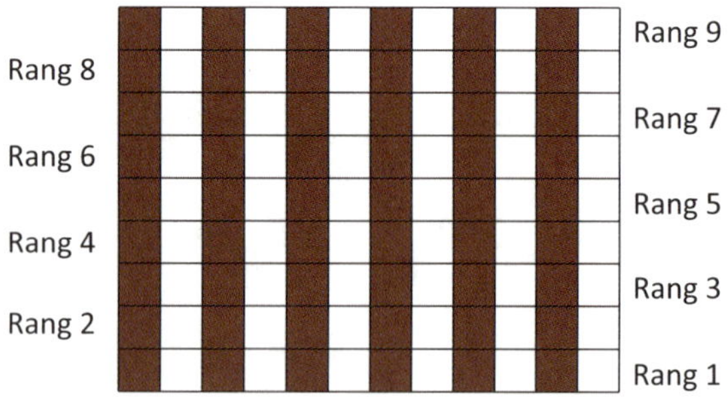

# MOTIF 34

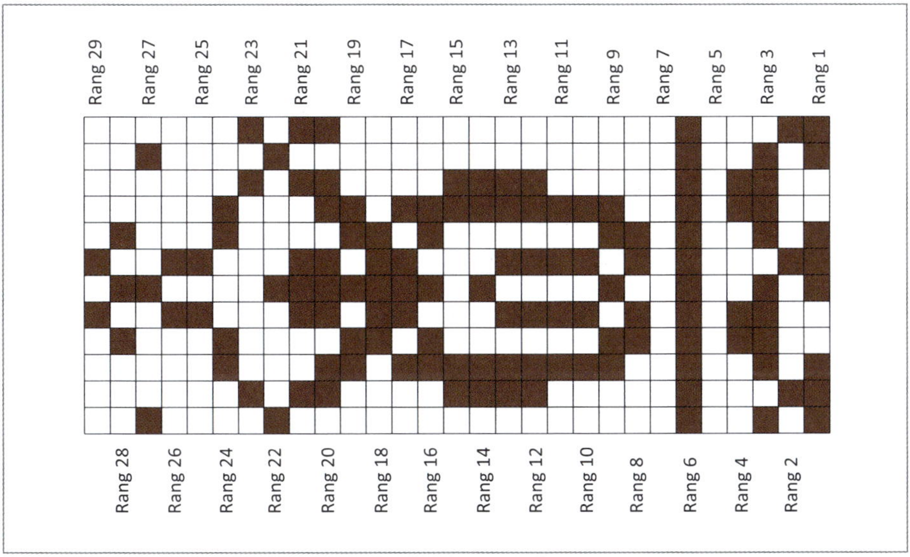
Rang 29
Rang 27
Rang 25
Rang 23
Rang 21
Rang 19
Rang 17
Rang 15
Rang 13
Rang 11
Rang 9
Rang 7
Rang 5
Rang 3
Rang 1
Rang 28
Rang 26
Rang 24
Rang 22
Rang 20
Rang 18
Rang 16
Rang 14
Rang 12
Rang 10
Rang 8
Rang 6
Rang 4
Rang 2

# MOTIF 35

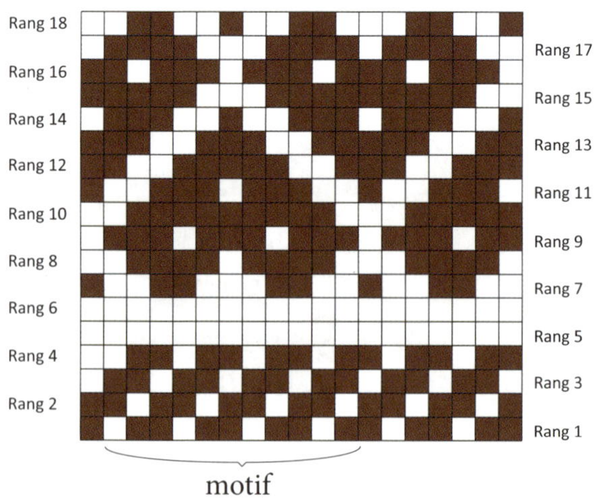
Rang 18
Rang 17
Rang 16
Rang 15
Rang 14
Rang 13
Rang 12
Rang 11
Rang 10
Rang 9
Rang 8
Rang 7
Rang 6
Rang 5
Rang 4
Rang 3
Rang 2
Rang 1
motif

# MOTIF 36

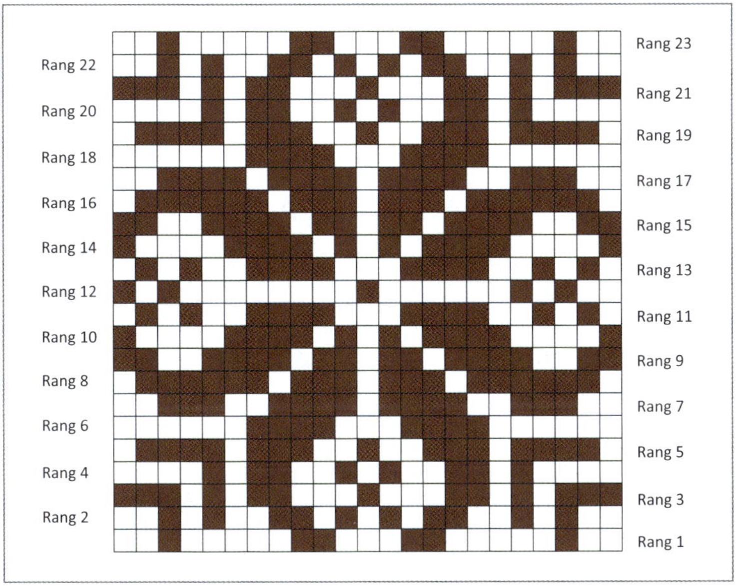
Rang 23
Rang 22
Rang 21
Rang 20
Rang 19
Rang 18
Rang 17
Rang 16
Rang 15
Rang 14
Rang 13
Rang 12
Rang 11
Rang 10
Rang 9
Rang 8
Rang 7
Rang 6
Rang 5
Rang 4
Rang 3
Rang 2
Rang 1

# MOTIF 37

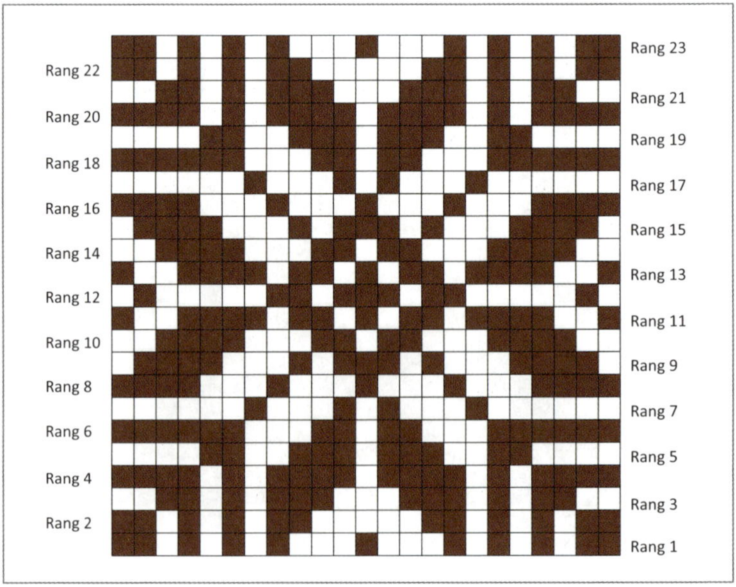
Rang 23
Rang 22
Rang 21
Rang 20
Rang 19
Rang 18
Rang 17
Rang 16
Rang 15
Rang 14
Rang 13
Rang 12
Rang 11
Rang 10
Rang 9
Rang 8
Rang 7
Rang 6
Rang 5
Rang 4
Rang 3
Rang 2
Rang 1

# MOTIF 38

# MOTIF 39

# MOTIF 40

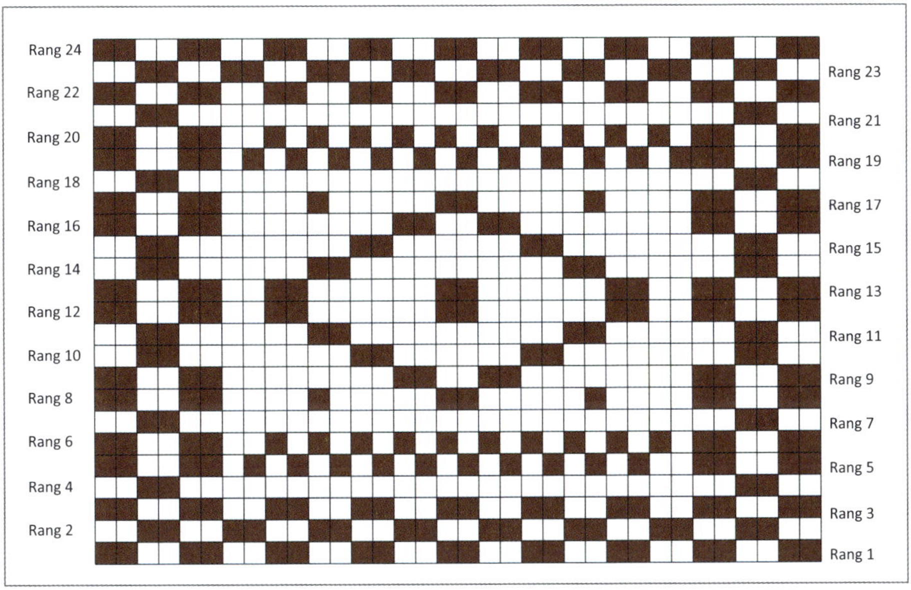
Rang 24
Rang 23
Rang 22
Rang 21
Rang 20
Rang 19
Rang 18
Rang 17
Rang 16
Rang 15
Rang 14
Rang 13
Rang 12
Rang 11
Rang 10
Rang 9
Rang 8
Rang 7
Rang 6
Rang 5
Rang 4
Rang 3
Rang 2
Rang 1

# *Porte-monnaie*

*Assez facile à réaliser, ce porte-monnaie est à la fois joli et séduisant. Un cadeau de choix à réaliser pour vos proches.*

***Dimension :*** longueur 10 cm, hauteur 8 cm
***Fil :*** 50 % laine 50 % acrylique crème 40 g (pelote 100 g 240 m)
***Aiguilles :*** circulaires 2 pièces, 4 mm
***À rajouter :*** un crochet 1,75 mm, une aiguille, une armature fermoir à coudre de 9 cm de long et 5 cm de haut, de la toile thermocollante 20 x 20 cm, un coupon de doublure 20 x 20 cm, une aiguille avec un chas allongé
***Niveau de difficulté :*** ☆☆
***Temps de réalisation :*** 4 heures

Monter 18 mailles + 2 mailles lisière. Tricoter en suivant le motif. Tout en avançant dans le tricot, augmenter 3 fois de 1 maille entre 2 mailles, à la fin et au début de chaque rang endroit. Tricoter les rangs 8 à 10 de façon régulière. Puis refermer 6 fois 1 maille au début et à la fin de chaque rang endroit. Refermer toutes les mailles. Tricoter de façon identique la deuxième partie du porte-monnaie.

**Assemblage:** découper dans la doublure et la toile thermocollante des éléments correspondant aux pièces tricotées. Encoller la doublure avec la toile thermocollante. Coudre les éléments tricotés le long des bords latéraux, y insérer la doublure et la coudre. Coudre l'armature fermoir selon les dessins.

*dessin 1*

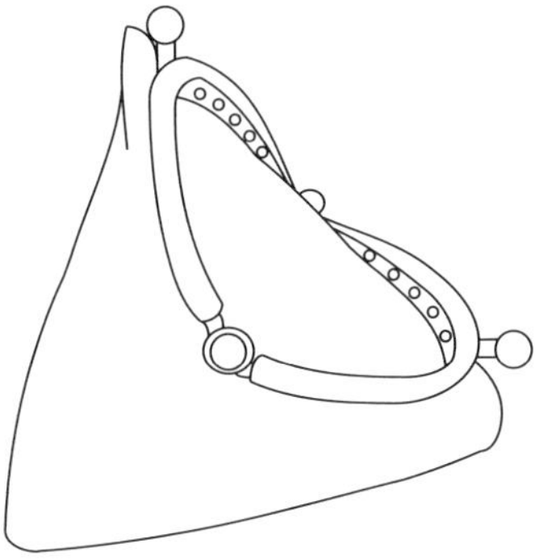

*dessin 2*

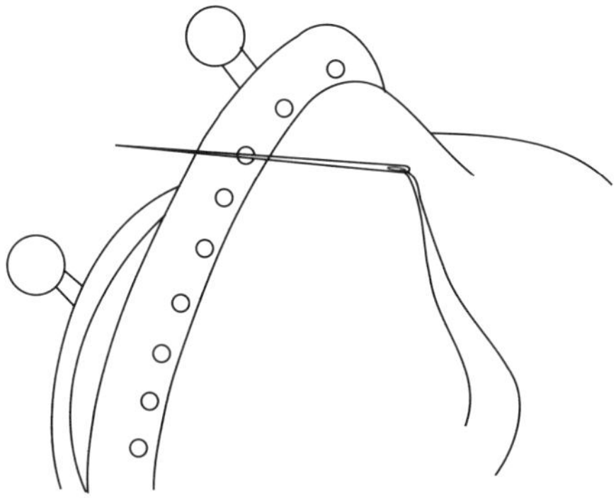

*schéma*

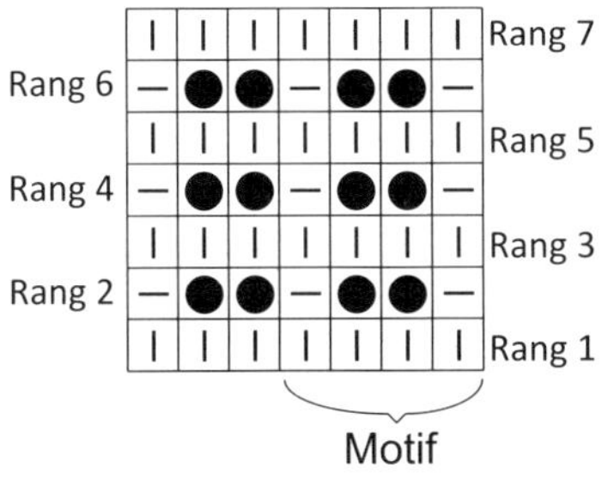

# Bourse élégante

*Voici une proposition de trousse à maquillage. Elle remplacera sans mal un petit sac. Un point élégant, une laine fine et une armature fermoir ancienne lui donneront élégance et légèreté.*

***Dimension :*** longueur 16 cm, hauteur 15 cm
***Fil :*** 50 % laine 50 % acrylique crème 50 g (pelote 100 g 240 m)
***Aiguilles :*** circulaires 2 pièces, 4 mm
***À rajouter :*** un crochet 1,75 mm, une aiguille, une armature fermoir à coudre de 15 cm de long et 7 cm de haut, de la toile thermocollante 20 x 30 cm, un coupon de doublure 20 x 30 cm, une aiguille avec un chas allongé
***Niveau de difficulté :*** ☆☆☆
***Temps de réalisation :*** 10 heures

Monter 35 mailles + 2 mailles lisière. Tricoter au point étoile. Tout en avançant dans le tricot, augmenter 4 fois de 1 maille entre 2 mailles, à la fin et au début de chaque rang endroit. Tricoter les rangs 9 à 22 de façon régulière. Puis refermer 4 fois 1 maille au début et à la fin de chaque rang endroit. Tricoter les rangs 30 à 38 de façon régulière. Refermer toutes les mailles. Tricoter de façon identique la deuxième partie de la bourse.

**Point étoile :**

**Rang 1 :** * tricoter 3 mailles à l'endroit dans le brin arrière, faire 1 jeté et tricoter encore une fois ces 3 mailles à l'endroit dans le brin arrière, tricoter la maille suivante à l'endroit *. Répéter depuis * jusqu'à ce qu'il ne reste plus que 4 mailles sur l'aiguille. Puis tricoter 3 mailles comme décrit précédemment et tricoter la maille lisière à l'envers.

**Rang 3 :** 2 mailles endroit, * tricoter 3 mailles à l'endroit dans le brin arrière, faire 1 jeté et tricoter encore une fois ces 3 mailles à l'endroit dans le brin arrière, tricoter la maille suivante à l'endroit *. Répéter depuis * jusqu'à ce qu'il ne reste plus que 3 mailles sur l'aiguille. Puis tricoter 2 mailles à l'endroit et la maille lisière à l'envers.

Répéter ce point entre les rangs 1 et 4.

**Assemblage :** découper dans la doublure et la toile thermocollante des éléments correspondant aux pièces tricotées. Encoller la doublure avec la toile thermocollante. Coudre les éléments tricotés le long des bords latéraux, y insérer la doublure et la coudre. Coudre l'armature fermoir selon les dessins.

*dessin 1*

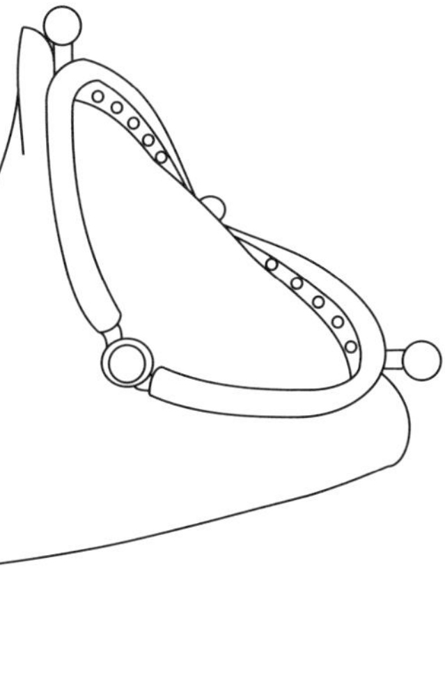

*dessin 2*

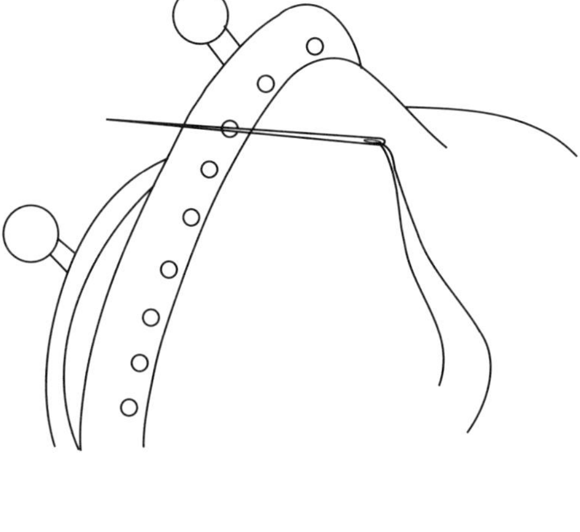

# Sac cartable

*On réalise ce sac dans deux laines de différentes teintes, au point mousse et avec des points en relief. Par souci de commodité, on ne lui a pas rajouté de petites poignées, mais seulement une grande à passer en bandoulière.*

***Dimension :*** largeur 27 cm, hauteur 20 cm
***Fils :*** 50 % laine 50 % acrylique marron 150 g et beige 50 g (pelote 100 g 240 m)
***Aiguilles :*** circulaires 2 pièces, 3 mm
***À rajouter :*** un crochet 1,75 mm, un coupon de doublure 60 x 50 cm, un bouton-pression à coudre de 0,5 cm de diamètre, un bouton de 1 cm de diamètre
***Niveau de difficulté :*** ☆☆
***Temps de réalisation :*** 24 heures

Pour la partie arrière du sac, monter 44 mailles + 2 mailles lisière avec la laine marron. Tricoter au point mousse. Tricoter 17 cm de façon régulière. Pour le rabat, faire 10 diminutions de 1 maille à la fin et au début de chaque rang endroit, en tricotant 2 mailles ensemble à l'endroit. Refermer les mailles. Pour la partie avant du sac, monter 44 mailles + 2 mailles lisière avec la laine beige. Tricoter 17 cm en suivant le schéma du motif. Refermer les mailles. Pour la poignée, le fond et les éléments latéraux, monter 6 mailles + 2 mailles lisière avec la laine marron en double épaisseur. Tricoter 190 cm au point mousse. Refermer les mailles.

**Assemblage :** au crochet, en mailles serrées, coudre, sur trois côtés, les deux parties du sac aux parties latérales et au fond. Coudre entre elles les extrémités de la poignée. La fermeture du sac consiste en deux éléments. Tricoter le premier avec de la laine beige, en mailles serrées, au crochet : 10 cm de long, 4 cm de large. Tricoter le deuxième avec de la laine marron, en mailles serrées : 8 cm de long. Coudre le deuxième élément de la fermeture sur l'avant du sac, à 1 cm du rabat. Coudre une extrémité du premier élément sur le rabat du sac et insérer l'autre extrémité dans le deuxième élément. Coudre le bouton-pression sur la fermeture et coudre le bouton au-dessus du bouton-pression. Coudre et insérer la doublure.

*dessin*

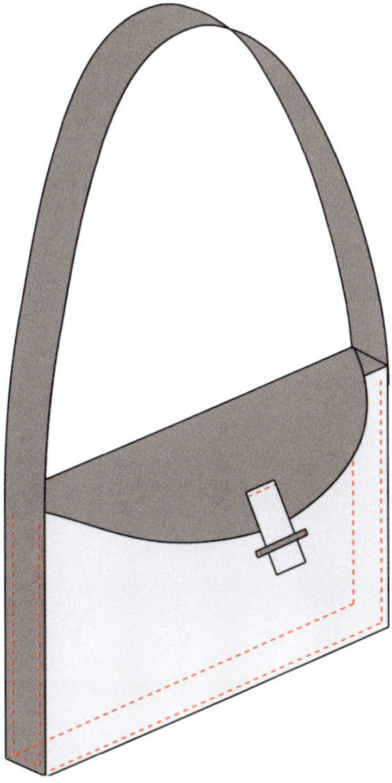

*schéma*

| | | | | | | | | | | | | | |
|---|---|---|---|---|---|---|---|---|---|---|---|---|---|
| Rang 8 | — | — | — | — | — | — | — | — | — | — | — | — | |
| | — | — | — | — | \| | — | — | — | — | — | \| | — | Rang 7 |
| Rang 6 | — | — | — | — | — | — | — | — | — | — | — | — | |
| | \| | \| | \| | — | \| | — | \| | \| | \| | — | \| | — | Rang 5 |
| Rang 4 | — | — | — | — | — | — | — | — | — | — | — | — | |
| | \| | \| | \| | — | \| | — | \| | \| | \| | — | \| | — | Rang 3 |
| Rang 2 | — | — | — | — | — | — | — | — | — | — | — | — | |
| | \| | \| | \| | — | \| | — | \| | \| | \| | — | \| | — | Rang 1 |

Motif

# *Sac hipster*

*Avec ses gros boutons et ses franges, ce sac est vraiment un modèle unique.*

***Dimension :*** largeur 36 cm, hauteur 15 cm
***Fils :*** 50 % laine 50 % acrylique gris foncé 100 g et gris clair 40 g (pelote 100 g 240 m)
***Aiguilles :*** circulaires 2 pièces, 3 mm
***À rajouter :*** un crochet 1,75 mm, six boutons à queue de 3 cm de diamètre, un coupon de doublure 140 x 30 cm, quatre anneaux en forme de demi-cercle de 1,5 cm de diamètre, un bouton-pression à coudre de 2 cm de diamètre
***Niveau de difficulté :*** ☆☆
***Temps de réalisation :*** 20 heures

Avec la laine gris foncé, monter 114 mailles + 2 mailles lisière. Faire alterner les couleurs en suivant le dessin 1. Tricoter toutes les bandes gris clair au point mousse et les bandes gris foncé au point jersey. Refermer les mailles.

Cordon torsadé : immobiliser l'une des extrémités du fil et le tordre à partir de l'autre extrémité. Plus la torsion est serrée, plus le cordon aura de torsades. Réunir ensuite les extrémités, en pliant le cordon en deux. Il se tord de lui-même. Faire des nœuds à chaque extrémité, et le cordon est prêt.

**Assemblage :** plier le rectangle obtenu en deux parties, de façon à ce que le bord supérieur de 16 cm reste libre. Réaliser les coutures latérales. Coudre la doublure, en laissant le bord supérieur du sac ouvert. Sur l'envers, à travers la doublure et le tricot, coudre le bouton-pression. Sur la bande centrale gris clair de la partie avant du sac, coudre les boutons. Faire passer 1 anneau en forme de demi-cercle à 5 cm de chaque bord, à travers le tricot, des deux côtés du sac. Faire passer le cordon à travers les anneaux. À l'aide du crochet, réaliser des franges le long du bord inférieur du sac, en suivant le dessin 2 et en faisant alterner gris clair et gris foncé.

*dessin 1*

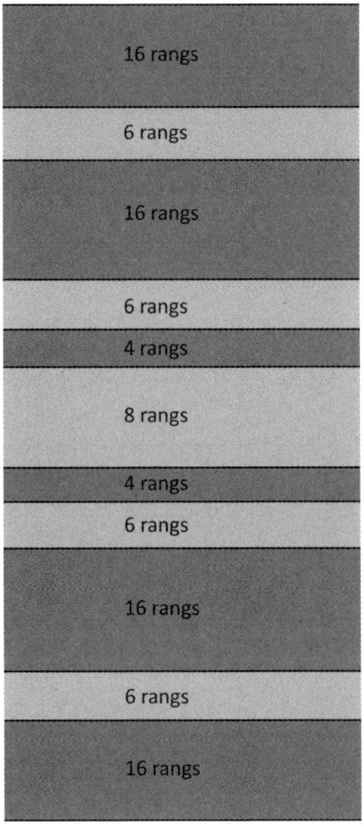


*dessin 2*

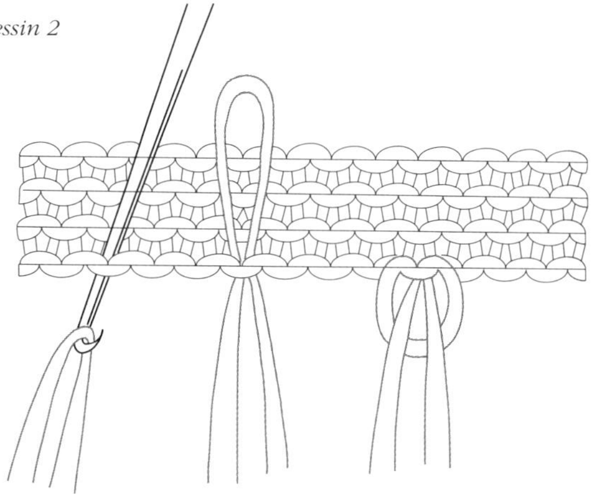

# Besace « Jersey »

*Ce sac tire sa belle allure d'un point à petits glands, de son jersey endroit et de bandes de mailles endroit. Sa poignée est réalisée au crochet, pour plus de solidité, et fixée par des anneaux métalliques.*

***Dimension :*** largeur 40 cm, hauteur 22 cm
***Fil :*** 50 % laine 50 % acrylique marron 150 g (pelote 100 g 240 m)
***Aiguilles :*** circulaires 2 pièces, 3 mm
***À rajouter :*** un crochet 1,75 mm, un coupon de doublure 60 x 50 cm, deux anneaux de 5 cm de diamètre, un bouton-pression à coudre de 2 cm de diamètre
***Niveau de difficulté :*** ☆☆
***Temps de réalisation :*** 22 heures

Monter 50 mailles + 2 mailles lisière. Tricoter en suivant le schéma du motif. Tricoter les mailles des rangs envers comme elles se présentent (tricoter 1 maille envers du rang endroit à l'endroit sur le rang envers, 1 maille endroit du rang endroit à l'envers sur le rang envers). Tricoter 2 rangs de façon régulière. Puis, tous les 4 rangs, ajouter 8 fois 1 maille entre deux mailles, en fin et en début de rang. Après quoi, refermer les 16 mailles centrales et tricoter ensuite les deux parties séparément. Pour un arrondi harmonieux, refermer tous les 2 rangs, du côté de la fermeture des 16 mailles centrales : 1 fois 2 mailles, 1 fois 3 mailles, 2 fois 5 mailles. Refermer toutes les mailles. Procéder à l'identique pour la deuxième partie du sac.

**Assemblage :** coudre les 2 parties ensemble, en suivant la ligne de fond et des parties latérales. Des 2 côtés du tricot, faire passer les anneaux de fixation de la poignée. Insérer la doublure dans le sac et la coudre. Coudre le bouton-pression sur l'envers du sac. À l'aide du crochet, tricoter en mailles serrées une poignée de 65 cm de long sur 5 cm de large. Fixer la poignée du sac dans les anneaux.

*dessin*

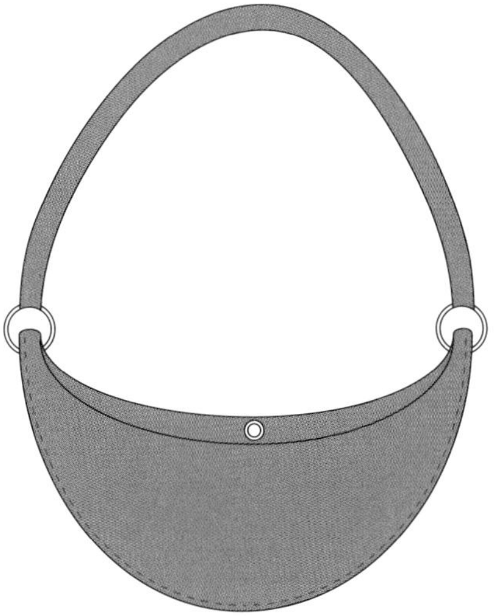

*schéma*

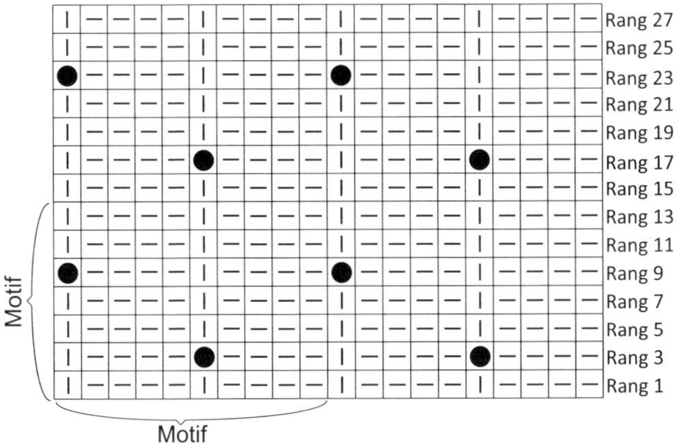

# Sac au ruban

*Ce sac a beau être simple, il n'en est pas moins joli, léger et spacieux. Son ruban ajouré et ses laines de différentes teintes lui confèrent un charme indéniable.*

***Dimension :*** longueur 27 cm, hauteur 19 cm
***Fils :*** 50 % laine 50 % acrylique crème 40 g et beige 70 g (pelote 100 g 240 m)
***Aiguilles :*** circulaires 2 pièces, 4 mm
***À rajouter :*** un crochet 1,75 mm, de la toile thermocollante, un coupon de doublure 35 x 50 cm
***Niveau de difficulté :*** ☆☆
***Temps de réalisation :*** 12 heures

Pour la partie principale du sac (1 élément): avec la laine beige, monter 50 mailles + 2 mailles lisière. Tricoter 96 rangs au point jersey. Refermer les mailles. Pour la partie latérale (2 éléments): avec la laine beige, monter 10 mailles + 2 mailles lisière. Tricoter 42 rangs au point jersey. Refermer les mailles.

Pour le nœud: avec la laine crème, monter 24 mailles + 2 mailles lisière. Tricoter 4 rangs au point mousse. Puis tricoter 4 rangs de la façon suivante: 2 mailles au point mousse, 20 mailles au point jersey, 2 mailles au point mousse. Entre les rangs 9 et 54, tricoter de la façon suivante: 2 mailles au point mousse, 6 mailles au point jersey, 8 mailles selon le schéma du motif ajouré, 6 mailles au point jersey, 2 mailles au point mousse. Entre les rangs 55 et 58, tricoter de la façon suivante: 2 mailles au point mousse, 20 mailles au point jersey, 2 mailles au point mousse. Entre les rangs 59 et 62, tricoter au point mousse. Au rang 63, refermer toutes les mailles. Pour fixer le nœud, tricoter une lanière: avec la laine crème, monter 16 mailles + 2 mailles lisière. Tricoter 14 rangs au point mousse. Refermer toutes les mailles.

Pour la poignée du sac (2 éléments): avec la laine crème, monter 28 mailles + 2 mailles lisière. Tricoter 3 rangs au point mousse. Refermer les mailles.

**Assemblage:** plier la partie principale du sac en deux et coudre les bords latéraux. Encoller la doublure avec la toile thermocollante, l'insérer dans le sac et la coudre. À l'aide du crochet, réaliser une bordure en mailles serrées sur le bord supérieur du sac. Coudre les poignées. Former le nœud et le coudre sur la partie arrière du sac.

*schéma*

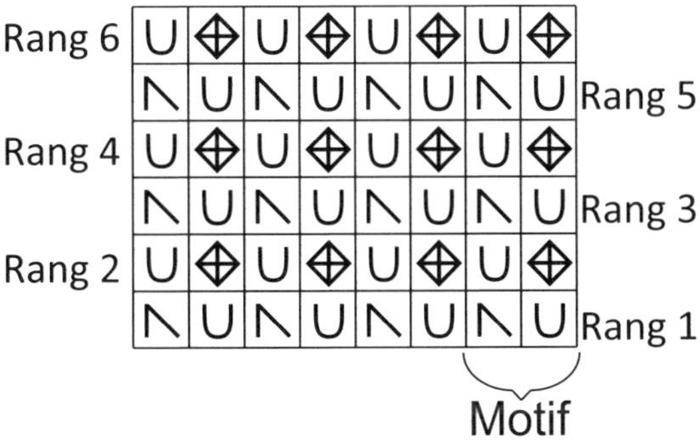

# Écharpe « palla » ajourée

*Voici une écharpe de style palla, douce et tendre, qui forme un drapé léger. Elle rend la silhouette élégante et féminine. Vous pourrez porter cette écharpe sur un manteau strict ou sur un pull.*

***Dimensions*** : largeur 60 cm, longueur 240 cm
***Fil*** : 100 % bambou 400 g (pelote 100 g 440 m)
***Aiguilles*** : en bois, 2 exemplaires 2 mm
***Niveau de difficulté*** : ☆☆☆☆☆
***Temps de réalisation*** : 60 heures

Monter 132 mailles+2 mailles lisière. Tricoter 10 rangs au point de riz. Passer au tricot suivant le schéma. Tricoter toutes les mailles envers selon le motif en bande (tricoter les jetés en maille envers, tricoter les mailles endroit du rang endroit en maille envers, tricoter les mailles envers du rang endroit en maille endroit). Répéter en longueur la séquence du schéma, 36 fois. Ensuite, tricoter 10 rangs au point de riz. Fermer les mailles. L'écharpe sera humidifiée et séchée à plat.

*schéma*

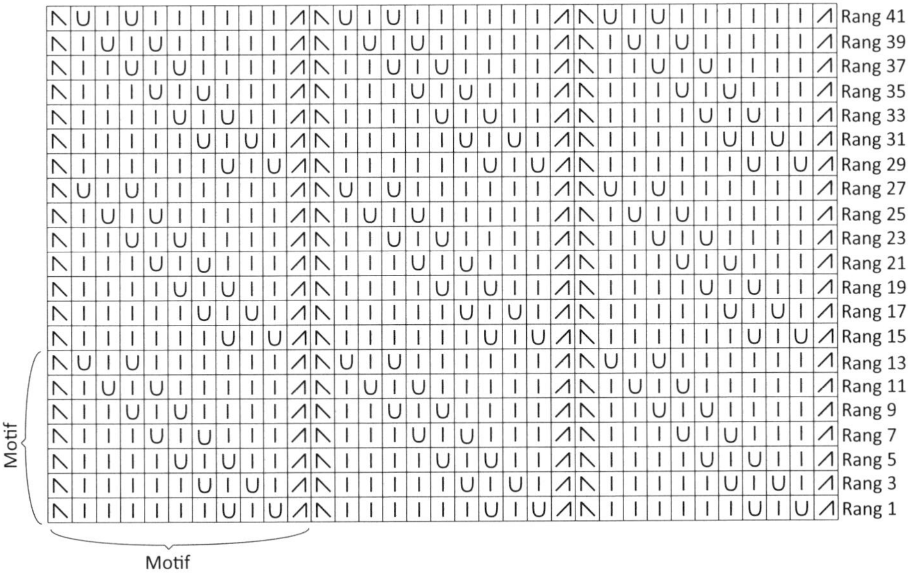

# *Écharpe col*

*L'écharpe, façon col cheminée, présente l'intérêt de pouvoir se porter de différentes façons. On peut la laisser pendre autour du cou en une longue « chaîne », lui donnant ainsi une fonction décorative. On peut aussi lui faire faire deux tours autour du cou, ou la jeter coquettement sur l'épaule. L'écharpe se tricote simplement, en une bande droite réunie aux deux extrémités, une fois terminée.*

***Dimensions*** : longueur 120 cm, largeur 20 cm
***Fil*** : 30 % laine 70 % acrylique 150 g (pelote 100 g 280 m)
***Aiguilles*** : droites, 2 exemplaires 3,5 mm
***Supplément*** : aiguilles à coudre, aiguille auxiliaire pour le motif
***Niveau de difficulté*** : ☆☆
***Temps de réalisation*** : 20 heures

Monter 44 mailles + 2 mailles lisière. Tricoter comme suit : les 19 premières mailles et les 16 dernières mailles au point de riz, les 18 mailles centrales en suivant le schéma. Tricoter en mailles envers, les mailles se trouvant sur les rangs du schéma. Tricoter 360 rangs (répéter 24 fois le motif torsadé). Fermer toutes les mailles. Effectuer la couture des bords courts de l'écharpe, pour la fermer en collier.

*schéma*

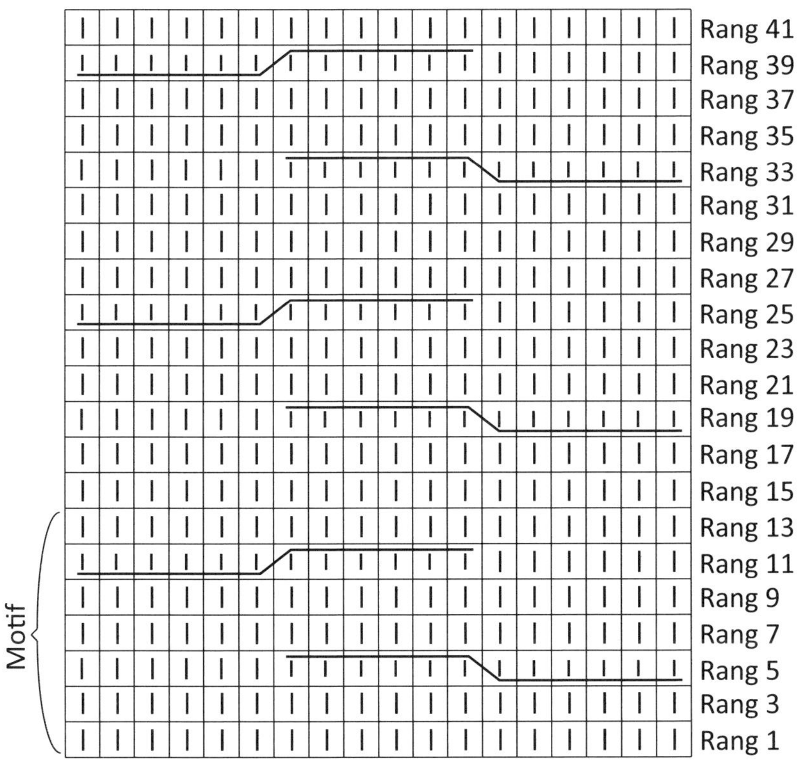

# Écharpe à volants

*De grands volants retombent dans un mouvement ample sur cette écharpe romantique et élégante. D'un ton blanc neige, elle est toute en légèreté. L'écharpe est simple à réaliser, sans motif élaboré, ni séquences compliquées à répéter. Même si vous ne tricotez pas depuis longtemps, vous y arriverez facilement.*

***Dimensions*** : longueur 120 cm
***Fil*** : 40 % mohair 60 % acrylique 170 g (pelote 100 g 480 m)
***Aiguilles*** : droites, 2 exemplaires 2 mm
***Supplément*** : aiguille à coudre, crochet 1,75 mm
***Niveau de difficulté*** : ☆☆☆
***Temps de réalisation*** : 23 heures

L'écharpe se tricote au point de riz. Monter 15 mailles + 2 mailles lisière. Tricoter 400 rangs et fermer les mailles. Ensuite, suivant le bord long du modèle, monter 200 mailles. Tricoter 1 rang en bande régulière. Ensuite, augmenter toutes les 10 mailles, par repiquage entre les mailles, 11 fois sur chaque rang endroit. Puis tricoter 6 rangs en bande régulière. Tricoter le dernier rang au point de côtes 1 x 1. Fermer les mailles. Réaliser le deuxième bord long de l'écharpe de la même manière.

Ensuite, pour réaliser le bord court de l'écharpe, monter 33 mailles + 2 mailles lisière. Tricoter un rang au point de côtes 1 x 1. Ensuite, commencer à rétrécir les rangs du tricot :

rang 2 : tricoter 21 mailles et retourner le travail ;
rang 3 : tricoter 10 mailles et retourner le travail ;
rang 4 : tricoter 10 mailles et retourner le travail ;
rang 5 : tricoter 19 mailles et retourner le travail ;
rang 6 : tricoter 19 mailles et retourner le travail ;
rang 7 : tricoter 9 mailles et retourner le travail ;
rang 8 : tricoter 33 mailles.

Coudre l'élément obtenu sur le bord court de l'écharpe. Réaliser le deuxième bord court de la même manière.

# Écharpe ajourée

*Cette écharpe d'un beau gris est réalisée avec un mohair souple et au point ajouré. Elle vous réchauffera par temps frais et soulignera votre personnalité.*

***Dimension :*** longueur 150 cm, largeur 30 cm
***Fil :*** 40 % mohair 60 % acrylique gris 200 g en deux fils (pelote 100 g 400 m)
***Aiguilles :*** droites 2 pièces, 4 mm
***Niveau de difficulté :*** ☆☆☆
***Temps de réalisation :*** 35 heures

Monter 54 mailles + 2 mailles lisière. Tricoter 150 cm, en suivant le schéma du motif. Tricoter les rangs envers en suivant la façon dont les mailles se présentent (tricoter 1 maille envers du rang endroit à l'endroit sur le rang envers, 1 maille endroit du rang endroit à l'envers sur le rang envers, tricoter les jetés à l'envers). Refermer toutes les mailles.

*schéma*

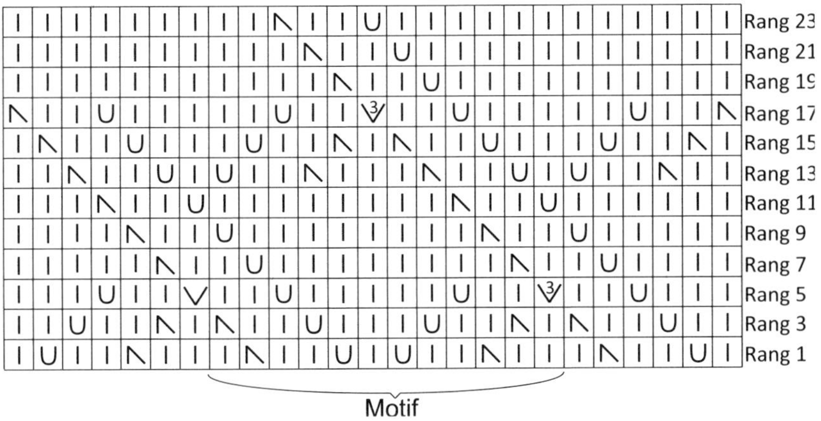

# Cape grise

*Une cape est une pièce importante dans la garde-robe d'une femme moderne. Avec son point joliment ouvragé et les longues franges qui ornent son bord inférieur, celle-ci a une allure résolument élégante.*

***Dimension :*** longueur 95 cm, hauteur 35 cm
***Fil :*** 50 % laine 50 % acrylique gris 200 g (pelote 100 g 240 m)
***Aiguilles :*** circulaires 2 pièces, 3 mm
***À rajouter :*** un crochet 1,75 mm, 1 bouton en bois de forme allongée
***Niveau de difficulté :*** ☆☆☆
***Temps de réalisation :*** 25 heures

La cape se tricote du haut vers le bas. Monter 110 mailles + 2 mailles lisière. Tricoter 6 rangs au point mousse. À partir du rang 7, tricoter les 6 premières et les 6 dernières mailles de chaque rang au point mousse pour les liserés, et tricoter toutes les autres mailles en suivant le schéma du motif. Ce faisant, sur tous les rangs endroit entre les rangs 8 et 82, augmenter de 1 maille entre deux mailles après les 6 premières mailles et avant les 6 dernières du rang (les liserés). Tricoter toutes les mailles ajoutées en suivant le schéma du motif. Tricoter toutes les mailles au point mousse entre les rangs 83 et 88. Refermer les mailles.

Pour créer l'ouverture du bouton, refermer 5 mailles à la fin du rang 12, avant le liseré. Faire 5 jetés et les insérer dans le travail. Coudre le bouton en face de l'ouverture. À l'aide du crochet, réaliser des franges sur le bord inférieur de la cape, à 2 cm l'une de l'autre, en suivant le dessin.

*dessin*

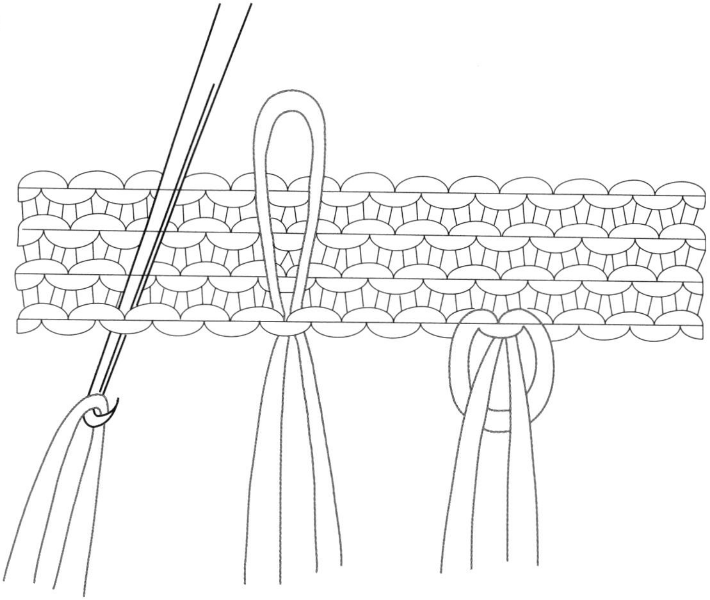

*schéma*

| | | | | | | | | | | | | | | | | | |
|---|---|---|---|---|---|---|---|---|---|---|---|---|---|---|---|---|---|
| Rang 8 | I | > | I | > | I | > | I | > | I | > | I | > | I | > | I | > | |
| | – | < | – | < | – | < | – | < | – | < | – | < | – | < | – | < | Rang 7 |
| Rang 6 | I | > | I | > | I | > | I | > | I | > | I | > | I | > | I | > | |
| | – | < | – | < | – | < | – | < | – | < | – | < | – | < | – | < | Rang 5 |
| Rang 4 | > | I | > | I | > | I | > | I | > | I | > | I | > | I | > | I | |
| | < | – | < | – | < | – | < | – | < | – | < | – | < | – | < | – | Rang 3 |
| Rang 2 | > | I | > | I | > | I | > | I | > | I | > | I | > | I | > | I | |
| | < | – | < | – | < | – | < | – | < | – | < | – | < | – | < | – | Rang 1 |

Motif (rangs 1 à 8)

Motif (2 mailles)

# Cape fleurie

*Cette cape vous donnera de l'allure, en se mariant avec tous les styles.*

***Dimension :*** longueur 100 cm, hauteur 40 cm
***Fil :*** 50 % laine 50 % acrylique crème 200 g (pelote 100 g 240 m)
***Aiguilles :*** circulaires 2 pièces, 4 mm
***À rajouter :*** un crochet 1,75 mm
***Niveau de difficulté :*** ☆☆
***Temps de réalisation :*** 30 heures

La cape se tricote du haut vers le bas. Monter 158 mailles + 2 mailles lisière. Tricoter de la façon suivante : 4 mailles au point jersey envers, 18 mailles en suivant le schéma, 114 mailles au point jersey envers, 18 mailles en suivant le schéma, 4 mailles au point jersey envers. Tricoter les mailles des rangs envers comme elles se présentent (tricoter 1 maille envers du rang endroit à l'endroit sur le rang envers, 1 maille endroit du rang endroit à l'envers sur le rang envers ; tricoter les jetés à l'envers). Puis tricoter 33 cm de façon régulière. Puis faire des diminutions régulières, tous les 2 rangs, en tricotant 2 mailles ensemble à l'endroit : 1 fois 16 mailles, 6 fois 12 mailles, 3 fois 10 mailles. Puis, de la même façon, à 3 reprises, diminuer, tous les 4 rangs, de 10 mailles. Tricoter 4 rangs en côtes 1/1. Pour le col, ajouter régulièrement 10 mailles, en tricotant 1 maille entre 2 mailles. Tricoter au point mousse. Tricoter 4 rangs de façon régulière. Sur l'endroit, ajouter encore 10 mailles. Tricoter encore 4 rangs de façon régulière et refermer toutes les mailles.

*schéma*

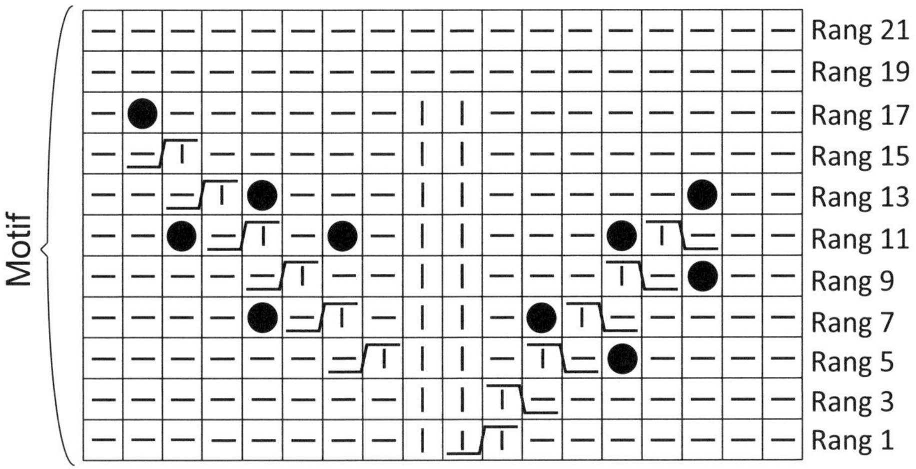

# Béret british

*Ce béret est assez facile à réaliser. Un couvre-chef tricoté est toujours élégant et féminin.*

***Dimension :*** tour de tête 52-54 cm
***Fil :*** 50 % acrylique 50 % laine gris 60 g (pelote 100 g 240 m)
***Aiguilles :*** circulaires, 2,5 mm
***Niveau de difficulté :*** ☆☆
***Temps de réalisation :*** 7 heures

Monter 70 mailles + 2 mailles lisière. Tricoter 4 rangs de côtes 1/1. Passer au point mousse. Répartir les mailles en 7 pointes (chaque pointe compte 10 mailles). Désormais, sur l'endroit, tricoter à l'endroit la dernière maille de chaque pointe. Puis, tous les 2 rangs, augmenter chaque pointe de 1 maille. Faire des augmentations jusqu'à obtenir 26 mailles dans chaque pointe. Puis tricoter 2 rangs sans augmentations. Commencer alors les diminutions : 1 maille tous les 2 rangs, dans chaque pointe. Quand il ne reste plus que 10 mailles sur les aiguilles, passer un fil dedans et serrer. Coudre jusqu'au sommet du béret.

# *Moufles à poches*

*Les moufles ont longtemps été reléguées aux oubliettes, mais elles reviennent à la mode aujourd'hui. L'avantage, c'est qu'il en existe de toutes les formes. Par exemple, ce modèle avec une poche pour les doigts.*

***Dimension :*** longueur 26 cm
***Fil :*** 50 % laine 50 % acrylique marron 80 g (pelote 100 g 240 m)
***Aiguilles :*** à tricoter 5 pièces, 4 mm
***À rajouter :*** des épingles pour ôter les mailles, un crochet 1,75 mm
***Niveau de difficulté :*** ☆☆☆☆
***Temps de réalisation :*** 20 heures

Pour la moufle gauche : monter 32 mailles et répartir les mailles sur quatre aiguilles (8 mailles sur chaque aiguille). Indiquer le début du rang avec une marque de couleur. Sur les aiguilles 1 et 2, se trouvent les mailles du dos du gant ; sur les aiguilles 3 et 4, sa partie inférieure (la paume). Tricoter 20 rangs en côtes 2/2. Puis tricoter au point jersey. Répartir les mailles de la façon suivante : aiguilles 1 et 4 - 7 mailles, aiguilles 2 et 3 - 9 mailles. Tricoter 20 rangs de façon régulière. Au rang 21, pour réaliser le pouce, faire passer 5 mailles du début de l'aiguille 1 sur une épingle et tricoter les 3 mailles restant sur l'aiguille, ainsi que toutes celles des autres aiguilles. Au rang 22, au bord de l'ouverture créée par les mailles réservées, faire 5 jetés. Tricoter 10 rangs à l'endroit, jusqu'à la base de l'auriculaire. Répartir les mailles pour tricoter les doigts, comme indiqué sur le schéma. Les mailles de l'auriculaire se trouvent à la fin de l'aiguille 2 et au début de l'aiguille 3. Tricoter toutes les mailles de l'aiguille 1 et 4 mailles de l'aiguille 2, et faire passer les 5 mailles restantes de l'aiguille 2 et les 5 premières mailles de l'aiguille 3 sur une épingle. Faire 2 jetés et tricoter 4 mailles de l'aiguille 3 et toutes les mailles de l'aiguille 4. Tricoter 5 rangs jusqu'à la base de l'annulaire. Ses mailles se trouvent au début de l'aiguille 2 et à la fin de l'aiguille 3. Tricoter les mailles de l'aiguille 1, 4 mailles de l'aiguille 2 et faire passer les 4 dernières mailles de l'aiguille 3 sur une épingle. Faire 3 jetés et tricoter les mailles de l'aiguille 4. Tricoter 4 rangs jusqu'à la base du médium. Puis tricoter 3 mailles de l'aiguille 1 et faire passer 4 mailles de l'aiguille 1 et les 4 premières mailles de l'aiguille 4 sur une épingle. Faire 3 jetés. Puis tricoter les mailles de l'aiguille 4. Tricoter 3 rangs, jusqu'à la base de l'index et faire passer les mailles sur une épingle. Passer ensuite à la réalisation de chaque doigt séparément. Ôter de l'épingle les mailles réservées pour le pouce. Répartir les mailles sur l'aiguille 2, et avec l'aiguille 3, monter 10 mailles, à partir du bord supérieur de l'ouverture. Refermer le tricot en rond. Tricoter 20 rangs et diminuer de 2 mailles à chaque rang, à la fin de chaque aiguille. Serrer les dernières mailles. Ôter de l'épingle les mailles réservées pour l'index. Refermer le tricot en rond. Tricoter 5 rangs et refermer les mailles. Ôter de l'épingle les mailles réservées pour le médium. Refermer le tricot en rond. Tricoter 8 rangs et refermer les mailles. Ôter de l'épingle les mailles réservées pour l'annulaire. Refermer le tricot en rond. Tricoter 5 rangs et refermer les mailles. Ôter de l'épingle les mailles réservées pour l'auriculaire. Refermer le tricot en rond. Tricoter 5 rangs et refermer les mailles.

Pour réaliser la poche pour les doigts : sur le dos de la moufle, à la base des doigts, monter 18 mailles à l'aide du crochet et 18 mailles en l'air. Refermer en rond les mailles ainsi montées et les répartir sur 4 aiguilles (9 mailles sur chaque aiguille). Tricoter 5 rangs de côtes 2/2. Passer au point mousse. Tricoter 20 rangs de façon régulière. Puis, au début des aiguilles 1 et 3 et à la fin des aiguilles 2 et 4, tricoter 2 mailles ensemble, à l'endroit. Serrer les 4 dernières mailles.

Pour la moufle droite, réaliser le pouce de façon symétrique à celui du gant gauche. Procéder de manière inchangée pour les autres doigts et pour la poche.

*schéma*

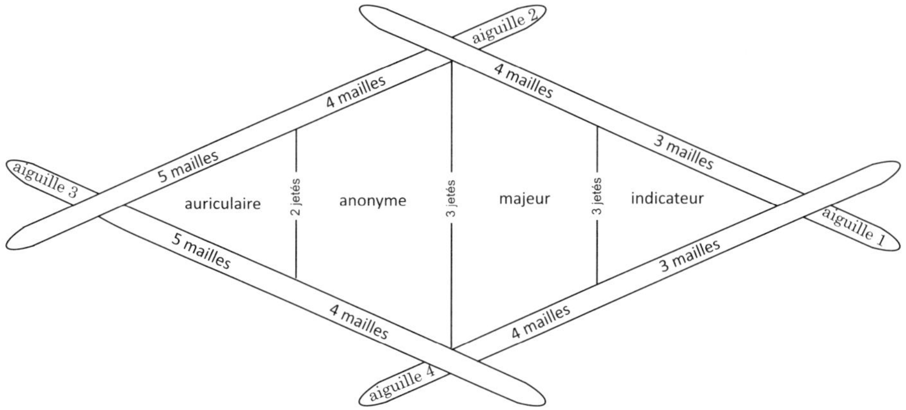

# Longs gants

*Les gants font beaucoup pour l'allure d'une femme. Sans compter qu'ils protègent efficacement la peau des agressions du vent et du froid.*

***Dimension :*** longueur 45 cm
***Fil :*** 50 % laine 50 % acrylique bleu 130 g (pelote 100 g 240 m)
***Aiguilles :*** à tricoter 5 pièces, 4 mm
***À rajouter :*** des épingles pour ôter les mailles, un crochet 1,75 mm
***Niveau de difficulté :*** ☆☆☆☆
***Temps de réalisation :*** 28 heures

Pour le gant gauche : monter 40 mailles et répartir les mailles sur quatre aiguilles (10 mailles sur chaque aiguille). Indiquer le début du rang avec une marque de couleur. Sur les aiguilles 1 et 2, se trouvent les mailles du dos du gant ; sur les aiguilles 3 et 4, sa partie inférieure (la paume). Tricoter au point mousse. Tricoter 30 rangs de façon régulière. Au rang 31, tricoter 2 mailles ensemble en une maille endroit, au début de chaque aiguille. Tricoter de façon régulière du rang 32 au rang 71. Au rang 72, tricoter 2 mailles ensemble en une maille endroit, au début de chaque aiguille. Tricoter de façon régulière du rang 73 au rang 96. Passer au point jersey. Tricoter de façon régulière du rang 97 au rang 137. Il y aura 32 mailles en tout sur les aiguilles. Répartir les mailles de la façon suivante : 7 mailles sur les aiguilles 1 et 4, 9 mailles sur les aiguilles 2 et 3. Au rang 138, pour réaliser le pouce, faire passer 5 mailles de l'aiguille 1 sur une épingle et tricoter les 3 mailles restant sur l'aiguille, ainsi que toutes celles des autres aiguilles. Au rang 139, au bord de l'ouverture créée par les mailles réservées, faire 5 jetés. Tricoter 12 rangs au point jersey, jusqu'à la base de l'auriculaire. Répartir les mailles pour tricoter les doigts, comme indiqué sur le schéma. Les mailles de l'auriculaire se trouvent à la fin de l'aiguille 2 et au début de l'aiguille 3. Tricoter toutes les mailles de l'aiguille 1 et 4 mailles de l'aiguille 2, et faire passer les 5 mailles restantes de l'aiguille 2 et les 5 premières mailles de l'aiguille 3 sur une épingle. Faire 2 jetés et tricoter 4 mailles de l'aiguille 3 et toutes les mailles de l'aiguille 4. Tricoter 5 rangs jusqu'à la base de l'annulaire. Ses mailles se trouvent au début de l'aiguille 2 et à la fin de l'aiguille 3. Tricoter les mailles de l'aiguille 1, 4 mailles de l'aiguille 2 et faire passer les 4 dernières mailles de l'aiguille 3 sur une épingle. Faire 3 jetés et tricoter les mailles de l'aiguille 4. Tricoter 4 rangs jusqu'à la base du médium. Puis tricoter 3 mailles de l'aiguille 1 et faire passer 4 mailles de l'aiguille 1 et les 4 premières mailles de l'aiguille 4 sur une épingle. Faire 3 jetés. Puis tricoter les mailles de l'aiguille 4. Tricoter 3 rangs, jusqu'à la base de l'index et faire passer les mailles sur une épingle. Passer ensuite à la réalisation de chaque doigt séparément. Ôter de l'épingle les mailles réservées pour le pouce. Répartir les mailles sur l'aiguille 2, et avec l'aiguille 3, monter 10 mailles, à partir du bord supérieur de l'ouverture. Refermer le tricot en rond. Tricoter 20 rangs et diminuer de 2 mailles à chaque rang, à la fin de chaque aiguille. Serrer les dernières mailles. Ôter de l'épingle les mailles réservées pour l'index. Refermer le tricot en rond. Tricoter 25 rangs et diminuer de 2 mailles à chaque rang, à la fin de chaque aiguille. Serrer les dernières mailles. Ôter de l'épingle les mailles réservées pour le médium. Refermer le tricot en rond. Tricoter 28 rangs et diminuer de 2 mailles à chaque rang, à la fin de chaque aiguille. Serrer les dernières mailles. Ôter de l'épingle les mailles réservées pour l'annulaire. Refermer le tricot en rond. Tricoter 24 rangs et diminuer de 2 mailles à chaque rang, à la fin de chaque aiguille. Serrer les dernières mailles. Ôter de l'épingle les mailles réservées pour l'auriculaire. Refermer le tricot en rond. Tricoter 16 rangs et diminuer de 2 mailles à chaque rang, à la fin de chaque aiguille. Serrer les dernières mailles.

Pour le gant droit, réaliser le pouce de façon symétrique à celui du gant gauche. Procéder de manière inchangée pour les autres doigts.

*schéma*

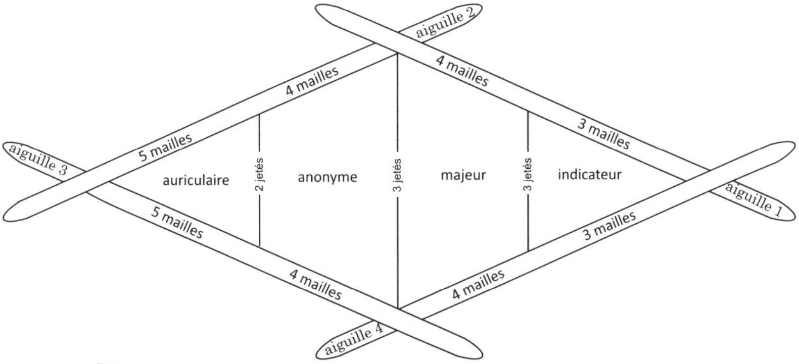


*dessin*

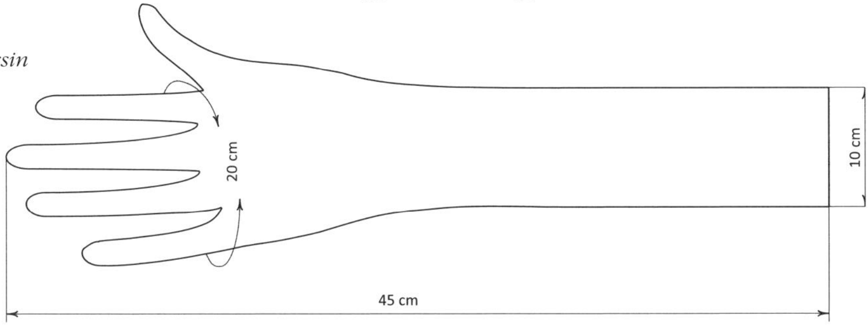

# *Moufles tressées*

*Des moufles qui montent jusqu'aux coudes, voilà un accessoire qui plaira à une jeune fille. Avec leur motif tressé sur le dos, ces moufles seront du plus bel effet, combinées avec un chapeau du même style.*

***Dimension :*** longueur 40 cm
***Fil :*** 50 % laine 50 % acrylique gris foncé 100 g (pelote 100 g 240 m)
***Aiguilles :*** à tricoter 5 pièces, 4 mm
***À rajouter :*** des épingles pour ôter les mailles, une aiguille supplémentaire pour tricoter le motif, un crochet 1,75 mm
***Niveau de difficulté :*** ☆☆☆
***Temps de réalisation :*** 20 heures

Pour la moufle droite : monter 30 mailles et répartir les mailles sur quatre aiguilles (10 mailles sur chaque aiguille). Sur les aiguilles 1 et 2, se trouvent les mailles du dos de la moufle ; sur les aiguilles 3 et 4, sa partie inférieure (la paume). Continuer le tricot de la façon suivante : tricoter les 4 dernières mailles de l'aiguille 1 et les 4 premières de l'aiguille 2 en suivant le schéma du motif. Tricoter toutes les autres en côtes 1/1. Tricoter de cette façon 24 cm à partir du début du travail. Toutes les mailles tricotées en côtes 1/1 sont ensuite à tricoter au point jersey endroit, jusqu'à la fin. Tricoter 6 cm de façon régulière et passer à la formation de l'ouverture pour le pouce. Pour cela, faire passer 4 mailles de la fin de l'aiguille 2 et 4 mailles du début de l'aiguille 3 sur une épingle. Au rang suivant, au bord de l'ouverture créée par les mailles réservées, faire 8 jetés. Tricoter 12 rangs de façon régulière et passer aux diminutions. Pour ce faire, tricoter 2 mailles ensemble au point de jonction des aiguilles 2 et 3, puis 4 et 1. Serrer la dernière maille et fixer les moufles sur l'envers. Passer ensuite à la réalisation du pouce. Ôter de l'épingle les mailles réservées pour lui. Répartir les mailles sur l'aiguille 2, et avec l'aiguille 3, monter 8 mailles, à partir du bord supérieur de l'ouverture. Refermer le tricot en rond. Tricoter 20 rangs et diminuer de 2 mailles à chaque rang, à la fin de chaque aiguille. Serrer les dernières mailles.

Pour la moufle gauche, réaliser le pouce de façon symétrique à celui de la moufle droite.

*schéma*

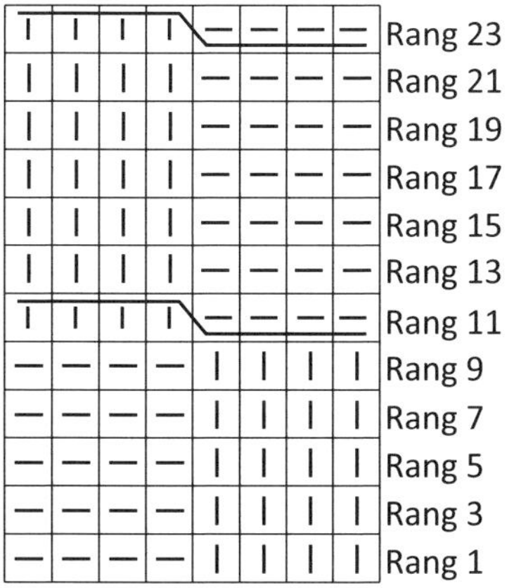

# Chaussettes de bébé

*Comme ces mignonnes petites chaussettes vont bien à bébé. De plus, il est possible de réaliser soi-même cet accessoire simple et si indispensable. L'ensemble, composé des chaussettes ajourées et des vêtements tricotés dans la même gamme de couleurs, constituera un cadeau parfait pour un tout-petit.*

***Dimensions*** : longueur de semelle 9 cm
***Fil*** : 40 % laine 40 % acrylique 20 % bambou, couleur rose clair 30 g et rose foncé 15 g (pelote 50 g 175 m)
***Aiguilles*** : double pointe, 5 exemplaires 2 mm
***Niveau de difficulté*** : ☆☆
***Temps de réalisation*** : 6 heures

Monter avec du fil de couleur rose foncé, 32 mailles. Répartir les mailles sur quatre aiguilles (8 mailles sur chaque aiguille). Tricoter 4 rangs, tricot endroit. Pour former la ligne de pli au 5$^{e}$ rang, tricoter comme suit : 2 mailles ensemble en maille endroit, 1 jeté. Répéter depuis le début jusqu'à la fin du rang. Tricoter 4 rangs, tricot endroit. Changer de laine pour du fil rose clair et commencer à tricoter suivant le motif ajouré. Tricoter 24 rangs suivant le schéma, puis commencer à former le talon. Pour former celui-ci, mettre de côté la moitié des mailles sur les 2$^{e}$ et 3$^{e}$ aiguilles. Monter en sens aller-retour les mailles de la 1$^{re}$ et 4$^{e}$ aiguille. Tricoter 7 rangs sur ces mailles pour former les parois du talon (renfort de talon). Passer ensuite au tricot de la partie basse du talon. Pour celle-ci, répartir sur la 1$^{re}$ et 4$^{e}$ aiguille les mailles en trois parties : 6 mailles centrales et 5 mailles de chaque côté. Au rang suivant, face endroit, tricoter en mailles endroit 5 mailles latérales et 5 mailles centrales. Laisser la 6$^{e}$ maille de la partie centrale en tant que maille du tricot endroit. Tricoter la maille suivante de la partie latérale en maille endroit et faire passer à travers elle la maille laissée de la partie centrale. Retourner le tricot. Ensuite, laisser la 1$^{re}$ maille de la partie centrale, en maille tricot envers. Tricoter en mailles envers les mailles de la partie centrale, excepté la dernière maille. Tricoter ensemble en maille envers la dernière maille de la partie centrale et la maille suivante de la partie médiane. Retourner le tricot. Puis laisser la 1$^{re}$ maille de la partie centrale comme maille envers. Tricoter les mailles de la partie centrale en mailles endroit, excepté la dernière maille. Répéter ces diminutions jusqu'à ce que soient tricotées toutes les mailles latérales du tricot et qu'il ne reste plus que 6 mailles centrales. Répartir ensuite les mailles à nouveau sur les 4 aiguilles. Monter sur les mailles lisière des bords du talon formé, les mailles manquantes, jusqu'à obtenir leur nombre initial. Ensuite, tricoter les mailles sur la 1$^{re}$ et la 4$^{e}$ aiguille, face endroit. Par contre, suivre sur les 2$^{e}$ et 3$^{e}$ aiguilles, le schéma du motif ajouré. Tricoter 20 rangs, puis changer de laine pour du fil de couleur rose foncé et continuer le tricot en tricotant toutes les mailles, face endroit. Tricoter sur chaque rang, la dernière maille de la 1$^{re}$ aiguille avec la première maille de la 2$^{e}$ aiguille et la dernière maille de la 3$^{e}$ aiguille, avec la première maille de la 4$^{e}$ aiguille. Fermer la dernière maille en tirant. Réaliser le retour du bout haut de la chaussette, en le cousant suivant la ligne de pli, sur l'envers de la chaussette. Tricoter la seconde chaussette de la même manière.

*schéma*

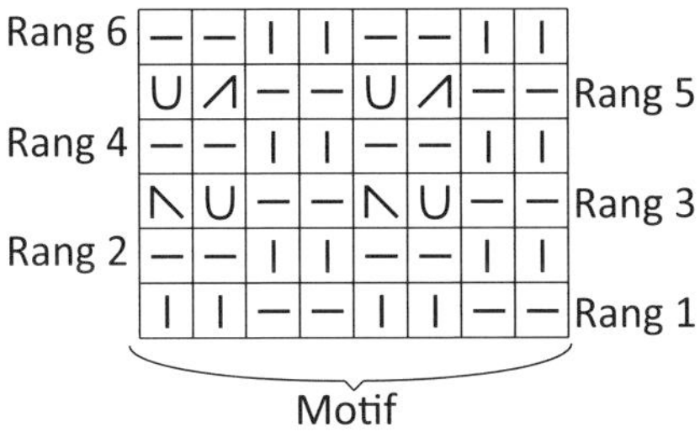

# Chaussons fillette

*De mignons chaussons, que vous pourrez tricoter en une seule soirée, garderont au chaud les petits pieds de votre bébé et compléteront efficacement sa garde-robe.*

***Dimensions :*** longueur de semelle 11 cm
***Fil :*** 50 % laine 50 % acrylique, couleur rose 20 g et couleur grise 40 g (pelote 100 g 240 m)
***Aiguilles :*** droites, 5 exemplaires 3,5 mm
***À rajouter :*** aiguille à coudre, crochet 1,75 mm, 2 boutons de diamètre 1 cm, ruban en satin de largeur 0,5 mm et de longueur 20 cm
***Niveau de difficulté :*** ☆☆
***Temps de réalisation :*** 6 heures

Monter pour la semelle, avec le fil de couleur grise, 6 mailles+2 mailles lisière. Tricoter au point de riz. Au 2e et au 4e rang, en fin et en début de rang, augmenter d'1 maille par repiquage entre les mailles. Tricoter 20 rangs en bande régulière. Au 25e rang, en fin et en début de rang, augmenter à nouveau d'1 maille par repiquage entre les mailles. Tricoter 22 rangs en bande régulière. Ensuite, tous les 2 rangs, en fin et en début de rang, diminuer d'1 maille en tricotant 2 mailles ensemble en maille endroit, 3 fois. Fermer toutes les mailles.

Avec le fil de couleur grise, monter aux aiguilles à double pointe, les mailles suivantes : 24 mailles sur les parties latérales, 8 mailles pour la pointe du chausson et 8 mailles pour le talon (dessin 1). Fermer le tricot en rond. Tricoter 10 rangs suivant le schéma, en bande régulière. Changer de laine pour le fil de couleur rose et continuer le point de tricot face endroit. Au 11e rang, tricoter comme suit : 12 mailles, puis tricoter 6 fois 2 mailles ensemble en maille endroit, sur l'aiguille de la pointe du chausson 4 fois 2 mailles ensemble en maille endroit, 6 fois 2 mailles ensemble en maille endroit, 12 mailles selon le schéma et 8 mailles pour le talon. Au 12e rang suivant, tricoter en bande régulière. Au 13e rang, tricoter comme suit : 12 mailles, 3 fois 2 mailles ensemble en maille endroit, sur les mailles de la pointe de chausson 2 fois 2 mailles ensemble en maille endroit, 3 fois 2 mailles ensemble en maille endroit, 12 mailles et 8 mailles de talon. Au 15e rang, fermer toutes les mailles.

Tricoter la seconde pantoufle de la même manière.

**Assemblage :** former 2 nœuds avec le ruban et les coudre comme indiqué sur le dessin 2. Coudre un bouton sur le dessus de chaque nœud.

*schéma*

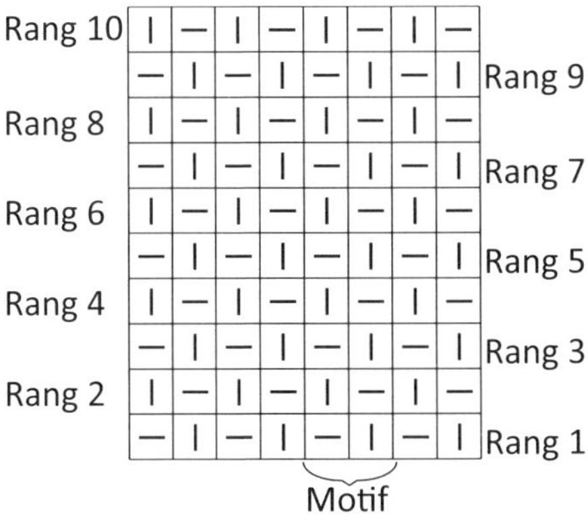


*dessin 2*

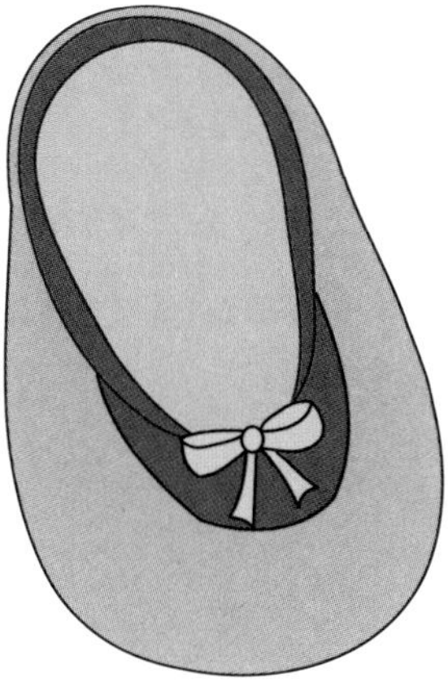

*dessin 1*

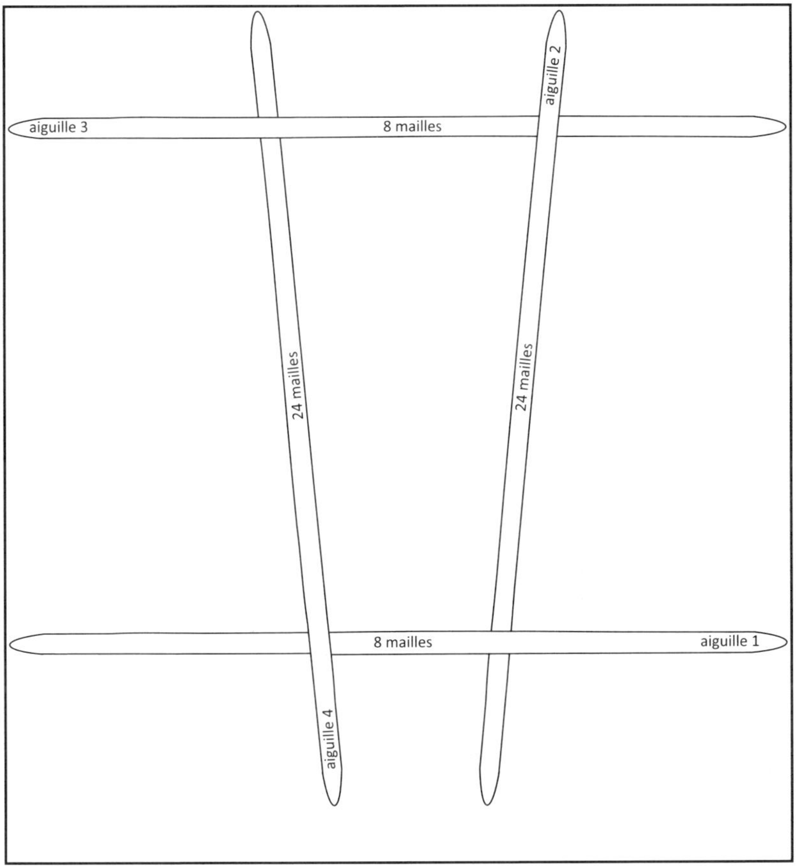

# Bottines garçonnet

*Des bottines en tricot seront tout à fait de mise, même pour des tout-petits. Surtout si toutes les mamans peuvent elles-mêmes les tricoter, avec juste un peu de technique.*

***Dimensions*** : longueur de semelle 13 cm
***Fil*** : 50 % laine 50 % acrylique, couleur bleu ciel 40 g et couleur gris foncé 20 g (pelote 100 g 280 m)
***Aiguilles*** : droites, 5 exemplaires 2,5 mm
***À rajouter*** : aiguille à coudre, crochet 1,75 mm, 8 boutons de diamètre 1 cm
***Niveau de difficulté*** : ☆☆
***Temps de réalisation*** : 8 heures

*dessin 2*

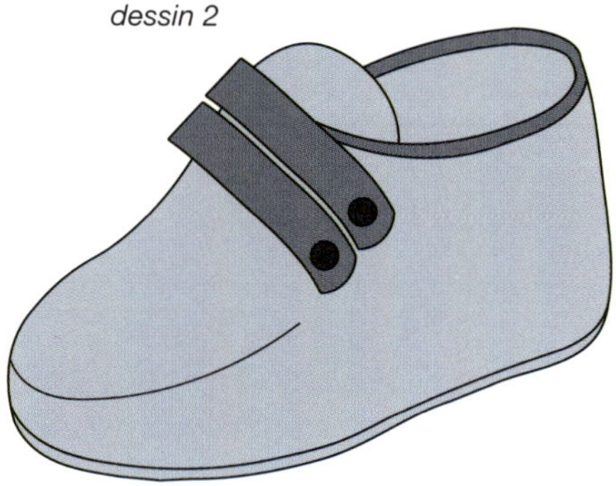

Pour tricoter les semelles, monter avec le fil de couleur bleu clair 6 mailles + 2 mailles lisière. Tricoter au point de riz. Aux 2e et 4e rangs, en fin et en début de rang, augmenter d'1 maille par repiquage entre les mailles. Tricoter 16 rangs en bande régulière. Au 20e rang, en fin et en début de rang, augmenter à nouveau d'1 maille par repiquage entre les mailles. Tricoter 24 rangs en bande régulière. Ensuite, sur chaque 2e rang, en fin et en début de rang, diminuer d'1 maille en tricotant 3 fois 2 mailles ensemble en maille endroit. Fermer toutes les mailles.

Sur le bord des semelles, avec le fil de couleur bleu ciel, monter aux aiguilles à double pointe les mailles suivantes : 24 mailles pour les parties latérales, 8 mailles pour le bout de la bottine et 8 mailles pour le talon (dessin 1). Ensuite, tricoter seulement les mailles du bout de la bottine au point jersey, en rangs aller-retour et laisser de côté les autres mailles. Tricoter 7 mailles, tricoter la dernière maille du bout de la bottine ensemble, en maille endroit, avec la première maille de la partie latérale. Retourner le tricot et tricoter ensemble la dernière maille de la partie latérale, en maille endroit, avec la première maille du bout de la bottine. Puis terminer de tricoter les mailles restantes du bout de la bottine. Tricoter de cette façon jusqu'à obtenir 16 mailles sur les parties latérales. Ensuite, tricoter sur les mailles du bout de la bottine, 12 rangs en bande régulière. Ensuite, sur le rang endroit, fermer 1 maille, en fin et en début de rang. Fermer toutes les mailles. Puis monter 10 rangs en bande régulière au point jersey, sur les parties latérales et le talon. Changer de laine pour le fil de couleur gris foncé et tricoter 2 autres rangs en bande régulière. Fermer toutes les mailles. Border au crochet le bord haut de la bottine, au point de mailles en l'air, avec le fil de même couleur.

Pour la patte, monter avec le fil de couleur gris foncé 14 mailles + 2 mailles lisière. Tricoter 2 rangs au point de riz. Fermer les mailles. Border au crochet le bord de la patte, au point de mailles en l'air. Tricoter de la même façon 3 autres pattes.

**Assemblage :** coudre 2 pattes sur chaque bottine en se reportant au dessin 2. Coudre 2 boutons par-dessus chaque patte.

Tricoter de la même manière la seconde bottine.

*dessin 1*

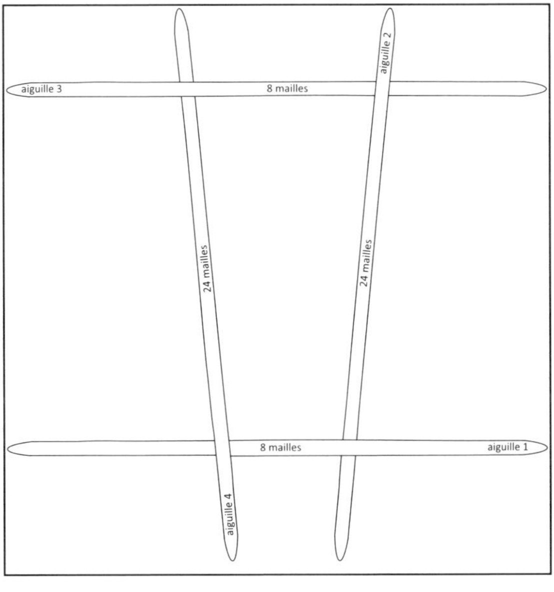

# *Veste garçonnet*

*Une veste confortable et chaude.*
*Pour le choix de la laine, retenir un fil doux, au caractère naturel, dans un ton pastel qui sied si bien aux petits enfants.*

***Dimensions*** : taille 57 cm, tour de taille 45 cm
***Fil*** : 40 % laine 40 % acrylique 20 % bambou, couleur grise 100 g (pelote 50 g 175 m), 50 % viscose 50 % acrylique, couleur verte 25 g (pelote 100 g 440 m)
***Aiguilles*** : droites, 4 exemplaires 2 mm
***À rajouter*** : aiguille à coudre, crochet 1 mm, 4 boutons de diamètre 1,5 cm
***Niveau de difficulté*** : ☆☆
***Temps de réalisation*** : 20 heures

La veste se tricote de haut en bas, avec des manches raglan.

Monter avec le fil de couleur verte 62 mailles + 2 mailles lisière. Tricoter 12 rangs au point de côtes 2 x 2. Changer de laine pour le fil de couleur grise et continuer le tricot au point de riz. Répartir toutes les mailles suivant les parties correspondantes : pan droit 11 mailles, ligne raglan 1 maille, manche 9 mailles, ligne raglan 1 maille, dos 18 mailles, ligne raglan 1 maille, manche 9 mailles, ligne raglan 1 maille, pan gauche 11 mailles (dessin). Augmenter sur chaque rang endroit, des deux côtés de la ligne raglan, par repiquage entre les mailles. Tricoter ainsi 30 rangs et laisser les mailles des manches en réserve sur une aiguille auxiliaire. Puis continuer à tricoter les mailles des pans et du dos, en rangs aller-retour. Tricoter 60 rangs en bande régulière. Changer de laine pour le fil de couleur verte et tricoter 8 rangs au point de côtes 2 x 2. Fermer les mailles.

Manche : tricoter séparément chacune des manches au point de riz avec le fil de couleur grise. En début et en fin de rang endroit, augmenter d'1 maille par repiquage entre les mailles. Tricoter 39 rangs en bande régulière. Au 40$^{e}$ rang, tricoter ensemble toutes les 3$^{e}$ et 4$^{e}$ mailles en maille endroit. Changer de laine pour le fil de couleur verte et tricoter 8 rangs au point de côtes 2 x 2. Fermer les mailles. Réaliser la seconde manche de la même manière.

Assemblage : coudre chaque manche suivant

son bord long. Monter sur le bord du pan gauche 52 mailles avec le fil de couleur verte et tricoter 6 rangs au point de riz. Fermer les mailles. Procéder de la même façon pour le pan droit, mais en formant au 3e rang les ouvertures de boutonnière. Pour celles-ci, fermer 2 mailles. À l'aide de jetés, monter 2 mailles et les tricoter. Former la première ouverture de boutonnière (4 mailles après le début de rang), la deuxième (12 mailles après la première), la troisième (12 mailles après la deuxième), la quatrième (12 mailles après la troisième), et tricoter 4 mailles. Tricoter 3 rangs en bande régulière au point de riz et fermer toutes les mailles. Coudre les boutons sur la garniture de boutonnière du pan gauche, en face des ouvertures de boutonnière sur la garniture du pan droit.

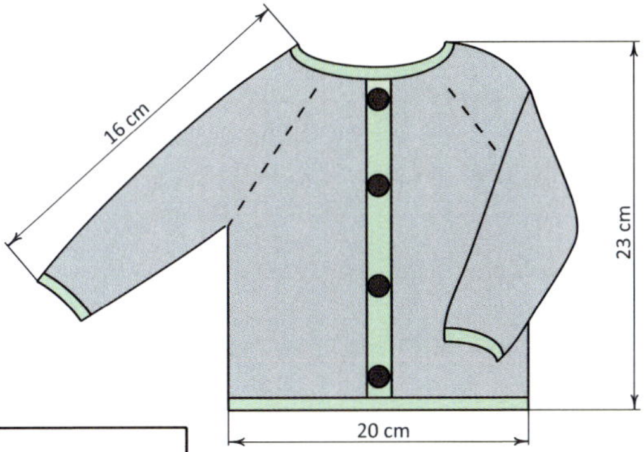


*dessin*

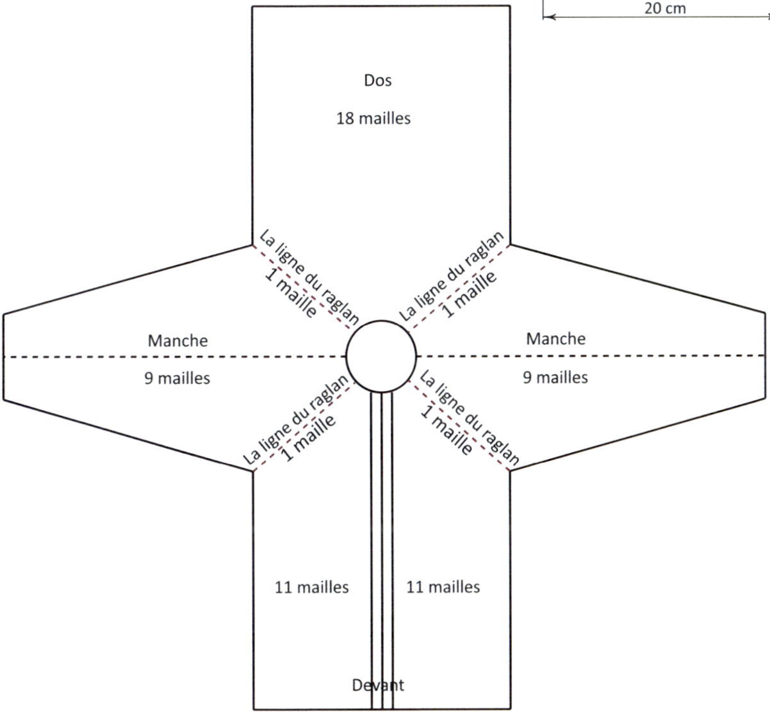

# *Pantalon garçonnet*

*Un pantalon chaud en tricot, voilà, à n'en pas douter, une chose nécessaire pour bébé. Ne ferait-il que partie de l'habillement, même un pantalon ne doit pas tomber dans la banalité. Observez bien le modèle proposé : l'harmonie de tons et le point jersey utilisé en font un vêtement attractif à tout point de vue.*

***Dimensions*** : taille 57 cm, tour de taille 45 cm
***Fil*** : 40 % laine 40 % acrylique 20 % bambou, couleur grise 80 g (pelote 50 g 175 m), 50 % viscose 50 % acrylique, couleur verte 40 g (pelote 100 g 440 m)
***Aiguilles*** : droites, 2 exemplaires 2 mm
***À rajouter*** : aiguille à coudre, crochet 1 mm, élastique de longueur 25 cm
***Niveau de difficulté*** : ☆☆
***Temps de réalisation*** : 15 heures

Le pantalon se compose de deux parties tricotées séparément et cousues ensemble, une fois terminées.

Monter avec le fil de couleur verte 54 mailles + 2 mailles lisière. Tricoter 12 rangs au point de côtes 2 x 2. Changer de laine pour le fil de couleur grise et continuer le tricot au point de riz. Alterner les couleurs de laine en référence au dessin. À partir du 33e rang, en fin et en début de chaque rang endroit, augmenter d'1 maille, par repiquage entre les mailles, 5 fois. Ensuite, à la fin de chaque rang endroit, augmenter encore 2 fois. Puis, à partir du 47e rang sur chaque rang endroit, diminuer en fin et en début de rang, 5 fois d'une maille, en tricotant 2 mailles ensemble en maille endroit. Ensuite, tricoter 75 rangs en bande régulière, en alternant les couleurs de laine suivant le dessin. Sur le rang endroit, tricoter ensemble toutes les 4e et 5e mailles en maille endroit. Terminer le tricot avec le fil de couleur verte, en tricotant 8 rangs au point de côtes 2 x 2. Fermer les mailles. Tricoter la seconde partie de façon symétriquement opposée.

**Assemblage :** coudre ensemble les deux parties de pantalon (les coutures figurent en pointillé rouge sur le dessin). Retourner le bord haut du pantalon, poser l'élastique et coudre la partie retournée sur l'envers.

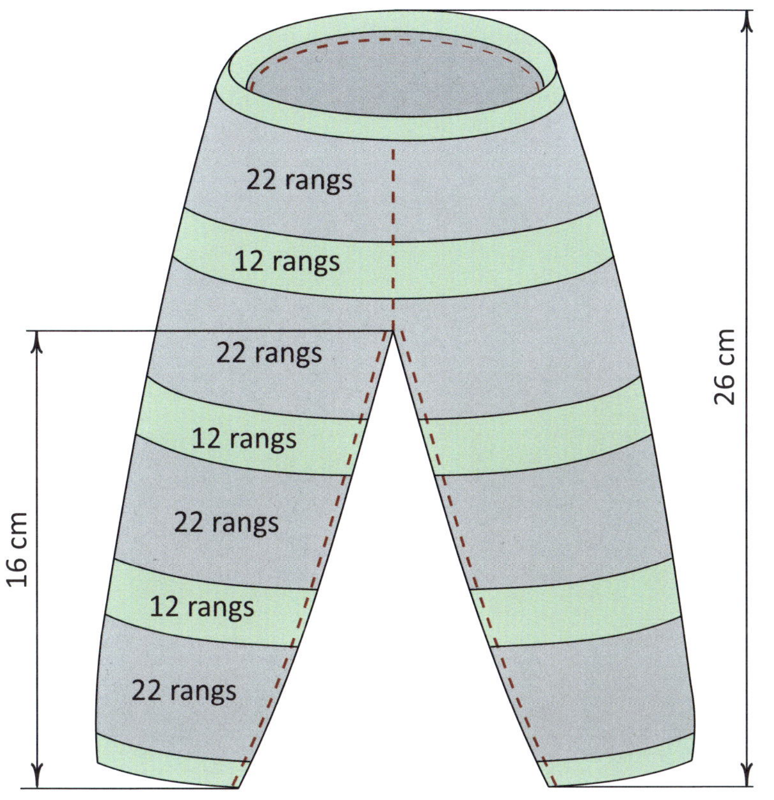

# Bonnet garçonnet

*Un accessoire tricoté de vos mains fera un beau cadeau pour enfants de tous âges, comme ce bonnet par exemple. Tricoter pour un enfant, cette petite chose mérite qu'on prenne un peu de temps.*

***Dimensions*** : tour de tête 36 cm
***Fil*** : 40 % laine 40 % acrylique 20 % bambou, couleur grise 40 g (pelote 50 g 175 m), 50 % viscose 50 % acrylique, couleur verte 15 g (pelote 100 g 440 m)
***Aiguilles*** : droites, 2 exemplaires 2 mm
***À rajouter*** : aiguille à coudre, crochet 1 mm, matériel pour pompons
***Niveau de difficulté*** : ☆☆
***Temps de réalisation*** : 4 heures

Monter avec le fil de couleur verte 76 mailles + 2 mailles lisière. Tricoter 7 rangs au point de côtes 2 x 2. Changer de laine pour le fil de couleur grise et continuer le tricot au point de riz. Tricoter 25 rangs en bande régulière. Au $32^{e}$ rang, tricoter toutes les $4^{e}$ et $5^{e}$ mailles ensemble en maille endroit. Tricoter 10 rangs en bande régulière. Au $42^{e}$ rang, tricoter toutes les $3^{e}$ et $4^{e}$ mailles ensemble en maille endroit. Au $43^{e}$ rang, tricoter toutes les $2^{e}$ et $3^{e}$ mailles ensemble en maille endroit. Au $44^{e}$ rang, fermer et tirer toutes les mailles.
**Assemblage :** coudre depuis le sommet du bonnet jusqu'à l'élastique en bout. Réaliser un pompon suivant le dessin, avec du fil de couleur verte, et le fixer sur le haut du bonnet.

*dessin 1*

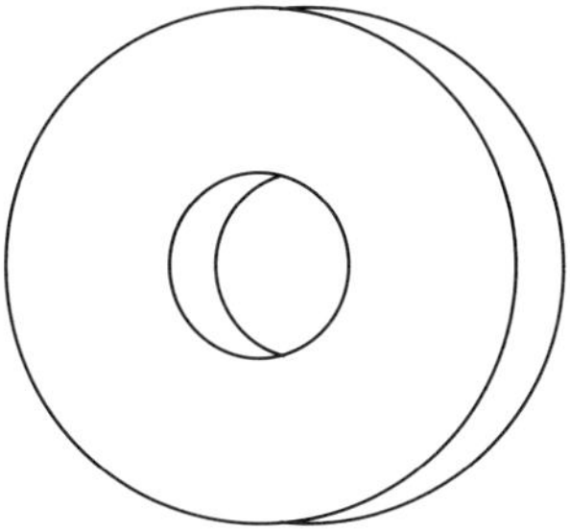

*dessin 2*

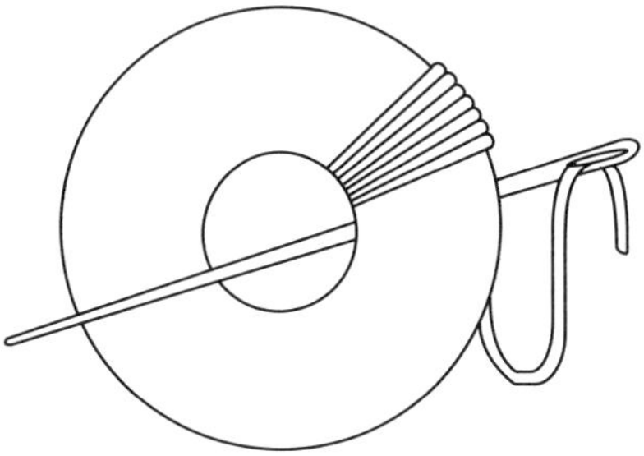

*dessin 3*

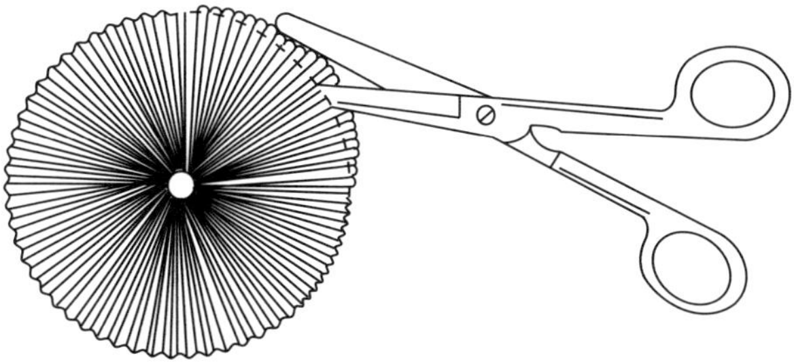

*dessin 4*

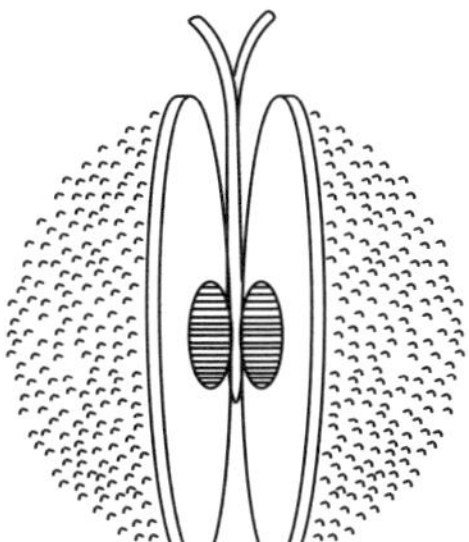

*dessin 5*

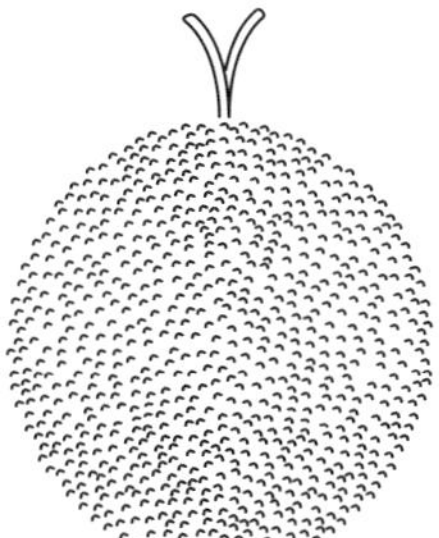